会いたい。東京の大切な人

私の愛するお店

後藤由紀子

扶桑社

私の愛するお店もくじ

はじめに

ふだんから新名所をいち早く巡るというよりも
長年おじゃましている「行きつけ」に足しげく通うほうが多い私です。
いつも降りるこの駅でなじみのお店に伺い
お昼はあの中華屋さんかなーそれともお蕎麦屋さんにしようかとか
あのギャラリーが展示しているときだけあの駅に降りて
ついでに近くのコーヒー屋さんへ寄るとか
皆さんもきっと同じように何度もおじゃましてしまうお店って
いくつかあると思います。
それは品ぞろえや立地だけではなくお店の方々に会う目的もあります。
結局のところ、人が街をつくるのではないかなーと思います。
今回ご紹介しているのもそれぞれが個性派でほかに同じ感じの店がない
そんな魅力的な店主のいるお店ばかりです。
私は一お客として節度をもってわきまえながら、長いおつきあいをさせていただいています。
近況を話したり、ときには相談に乗っていただいたり、お世話になっている方々ばかり。
いつもありがとうございます。

この連載を始める前から、フォトグラファーの石黒さんとあちこちぶらぶらと
おしゃべりしながら大笑いしながら街歩きをしていました。
「おすすめのお店を訪ねる企画も面白そう」なんて雑談からあれよあれよとご縁がつながり
これ以上ない最強チームで楽しく毎月集合できたことは
いまのこの状況で考えると夢のような時間でした。
「子どもたちが社会人になってから」とむだに温めなくてよかったなーと思います。
食の好みが合うこの連載チームでのランチタイムもとてもとてもおいしくて
渋いお店や味わい深いお店が多かったのも居心地のよさにつながりました。
集合時間30分前行動を心がけていますが
「駅に着きました」と連絡すると「私も着いてます」とみんなが
早め早め集合のメンバーでした。
似たもの同士が集まって好きな店主に会いに行くのだから楽しいに決まっていますね。
連載中も読者やお客さまからの感想が「楽しい雰囲気が伝わってきます」といただき
楽しさがだだ漏れ状態だったようです。
そんな2年間の連載をこのたびぎゅっとまとめてみました。
皆さんのおすすめもありましたら、ぜひ教えてくださいね。

表参道

Zakka

shop data → p.126

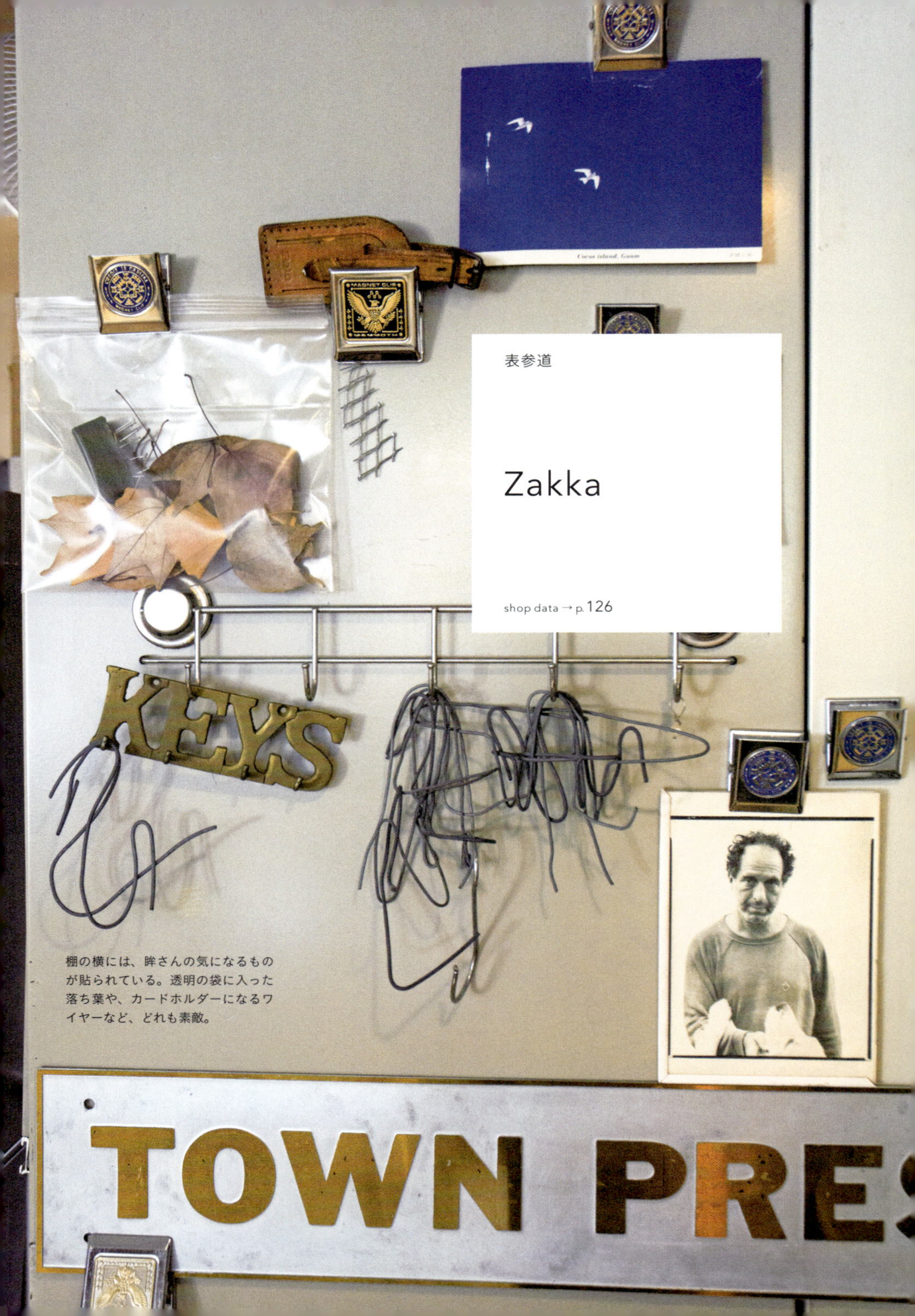

棚の横には、眸さんの気になるものが貼られている。透明の袋に入った落ち葉や、カードホルダーになるワイヤーなど、どれも素敵。

吉村 眸さん

よしむら・ひとみ

スタイリストを経て、1985年に生活道具の店「Zakka」をオープン。自身の視点で選んだ器や木の道具、かごのほか、クロスやエプロンなどオリジナルの布小物を扱う。

地下への階段を一段ずつ下りながら、胸が高鳴っていったのを思い出します。初めておじゃましたのは20歳のころ。階段を下りた先の廊下が、ほんのちょっと暗くてひんやりしていて、店から漏れる明かりが見えると、さらにドキドキが増して。一歩入ると、ぴんとしたきれいな空気が流れているのが伝わってきます。それから、何度も足を運んでいますが、ドアを開けるときには、相変わらず緊張している自分がいます。緊張しながらも、店主の吉村眸さんが笑顔で迎えてくれる姿にホッとするのです。

静岡に引っ越し、自分の店を持とうと考え始めたときにもこちらへ来ましたし、子どもが反抗期のときにも足が向いていました。眸さんに話を聞いてもらったり、相談したり。ミシンをかける姿をただ見ているだけでも、心が落ち着いていくのを感じていました。ドアを開ければ変わらず眸さんがいてくれて、どれだけ心強かったかわかりません。その不思議な空気は、何度か移転した先でも変わりませんでした。きっと眸さんが生み出しているものなんだろうと思います。

自分のために、だれかのために選ぶ生活道具

「Zakka」にあるのは、食器やカトラリー、クロスやエプロンなど、生活に役立つ道具。なおかつ、暮らしになじむ形や色が多く、幅広い層のお客さんが訪れています。改めて、その品ぞろえについ

て眸さんに話を聞くと「私が好きだと思うものを選んでいます。30年以上、変わらずおつきあいのある作家さんのものがほとんど。ほかにはオリジナルでつくっているものもあります」と教えてくれます。つくり手さんとのつきあいをとても大切にされていることは、私自身もいつも感じること。自分の働き方を振り返るきっかけになります。

眸さんが選ぶ作家さんの器やカトラリーはシンプルななかにも、使い勝手のよさがすごく考えられているものばかりです。これが家にあったら楽しいだろうな、料理がおいしく感じるだろうな、と思えるもの。さらに、眸さんやスタッフの方たちが手づくりしているクロスやエプロンもとても好きで、店の中でいいアクセントになっているなと感じます。生地からきちんと選んでいるので、使っては洗って、また使ってと繰り返しているうちに、手になじんでくるのがわかります。売っているものだけでなく、ちょっとしたディスプレイもとてもかわいらしい。小さな石ころが仲良く並んでいる姿や、お店で使い込まれた道具を見られるのもいいのです。買うのは自分のためだけでなく、だれかのお誕生日やお祝いごとなどのためのもの。どんなスタイルの暮らしにもなじみやすい道具が多いので、贈り物としても最適。静岡で暮らしていると頻繁に足を運べないので、まとめて買っておくと、プレゼントしたいときにさっと渡せるんです。

Zakkaにあるものには間違いがない。そして、ただ物を買うだけではなく、私にとっていい意味での緊張感をもてる場所であり、安心感を与えてくれる、とても大切なお店の一軒です。

手前のマグカップは、お店のオープン時からおつきあいがあるという岩田圭介さんのもの。持ち手が大きくて握りやすく、私も愛用している。

私が
買ったもの

オリジナルコースター

店内のミシンでカタカタとつくっている感じも好き。コースターにしたり、広げてランチョンマットにしたり。ビビッドな色も魅力。

竹かごバッグ

10年以上前、かごの展示のときに購入。小ぶりなので、ランチ会など、ちょっとしたお出かけのときに。浴衣にも合わせやすい。

縁あって
halにも

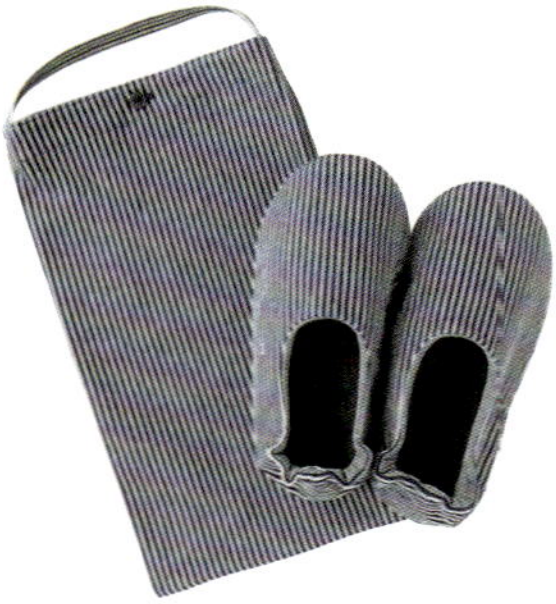

藤原千鶴さんの
ルームシューズ

藤原さんがZakkaで働いているころからのおつきあい。ルームシューズはhalの開店当初からずっと、販売している。後ろゴムタイプ8,000円

〝縁あってhalにも〟でご紹介している商品は、後藤さんのお店「hal」にて販売しています(売り切れの場合もあり)。

吉祥寺

gallery fève

shop data → p.126

ギャラリーへの階段を上った先には、
イラストレーター山本直孝氏の作品が。

引田かおりさん

ひきた・かおり

2003年に夫と「ギャラリーフェブ」、パン屋「ダンディゾン」をオープン。自身の暮らしぶりも人気で、著書に『しあわせのつくり方』（KADOKAWA）などがある。

吉祥寺という街は、私にとってぶらりと遊びに来るというよりは、目的があって足を運ぶことが多い場所。その理由のひとつが「ギャラリーフェブ」の存在です。ここでの展示はいつも楽しみ。オーナーのカーリンさん（引田かおりさん）に会えるのもまたうれしい時間です。カーリンさんは吉祥寺に暮らしながら、ご主人とともにギャラリーを18年近く営んでいる方。展示はなんと1000回を超えて、器や料理、アートと、幅広いつくり手を紹介し続けています。

生活する目線での展示が、心地のいいギャラリー

フェブに来るたびに感じるのは、カーリンさんの目線があるからこそ、ここでの展示が楽しくて温かいのだろうな、ということ。展示では、いつもつくり手さんの後ろや横でカーリンさんがにっこりと迎えてくれます。作品を見ているとさりげなく隣に来て、生活している人の立場に立って説明をしていただけるので、どんなものでも自分の家に取り入れるなら……と、考えやすいのです。器の展示では、料理家さんが実際に料理をつくって盛りつけ、食べるというイベントもありました。たとえ、それがアート作品であっても、家のあの壁に飾ったらいいかも、あの棚に置いてみたいな、と思わせてくれるんです。

「皆さんが家に持って帰ったときにどう見えるか、想像しやすいようにと考えています。ここで作

品を見てから、どこかでお昼を食べ、ぶらりと散歩をしてから、夕方また来てくれるお客さまもいらっしゃいます」とカーリンさん。そうそう、私もフェブの地下にあるパン屋さん「ダンディゾン」で買い込むのが定番コースです。ここもカーリンさんが営んでいるお店。「自分が住む街に、おいしいパン屋さんがあったらいいなと思って」と、やっぱり目線は生活することに向いていて、安心します。

毎日ごはんをつくって、洗濯をして、買い物に行って、家族との時間を過ごす。フェブで知ったものは、そんな日常を楽しくしてくれる、味わい深くしてくれる、スパイスのようなものなのだな、と思っています。生きるために絶対に必要というわけではないけれど、それでもやっぱりなくてはいけないもの。あったらうれしくなるもの。カーリンさんが教えてくれるものが、これからも楽しみです。

ミルクティー色の白い建物。ギャラリーフェブは2階で、地下1階はパン屋さんのダンディゾン。

最初に個展をしたのはガラス作家のイイノナホさんだったそう。間接照明やフラワーベースなど、大きな作品も展示された。

イイノナホさんのペーパーウェイト。透明なガラスの中に色つきのクローバーが浮かんでいるようなデザインが人気。

ギャラリーの地下にあるベーカリー「ダンディゾン」。モダンでかっこいい店内にいつもワクワクする。
奥の棚に並ぶ小ぶりの食パンを手土産にすることも。

私が
買ったもの

企画展で買ったものいろいろ

右から時計回りに、中西なちおさん著『猫ごよみ365日』、高橋みどりさんの企画展で購入した伊藤環さんのパン皿、イイノナホさんのフォルムがかわいいグラス。本にはいつもサインを入れてもらっていて、中西さんに愛猫たまを描いてもらったのも思い出。作家さんに会えるのも楽しみ。

基本的にスタッフに頼んで取り分けてもらうスタイル。その際にいつもていねいにパンについての説明をしてくれるのがうれしい。

国立

foodmood

shop data → p.126

天井が高くて明るい店内。ショーケースの中には小分けのクッキーがあり、端から端まで欲しくなってしまう。

なかしましほさん

なかしま・しほ

レコード会社や出版社、オーガニックレストラン勤務を経て料理家に。体にやさしい素材でつくるお菓子が人気。全国でお菓子教室も開いている。

国立駅から南側へ出ると、いつも街並みの美しさにハッとさせられます。目の前には大学通りというまっすぐな道が延びていて、春の桜も秋の紅葉もとてもきれい。そこから放射状に路地が広がっているのも面白いなと思います。この南側の道は、昭和初期には滑走路として使われていたのだそう。高い建物がなくて空が広く、とても気持ちがいいのです。

そんな街並みを楽しみながら向かうのは「フードムード」。店主のなかしましほさんが「ごはんのようなおやつの店」というように、粉の風味がしっかり味わえる焼き菓子が並んでいます。クッキーもビスケットもクラッカーも、どれもサクサクと歯ごたえがよく、甘いものもしょっぱいものもあるので、止まりません。その秘密を聞いてみると「バターを使わずに、菜種油でつくっているんです。菜種油や粉、てんさい糖は北海道、きび糖は鹿児島のものを使っています」と。しほさんが吟味した、最小限のシンプルな素材でていねいにつくられています。味が確かなうえに、パッケージがかわいいので、手土産にもぴったり。だれにあげても喜ばれます。私も来ると必ず、小分けになった焼き菓子を買いますし、運よく「クッキーBOX」があったらうれしい。基本的に通信販売はあまりしていないので、開店前からお客さまが並んでいることもあります。「通信販売まで手がまわらないということもありますが、できる限りお客さまにお菓子のことを説明して交流したい。それから国立に来てもらいたいというのもあります」。

家でも手づくりの安心なおやつをいただける幸せ

そもそも、しほさんが国立に工房を構えたのは、約15年前。初めは自宅を改装したスペースでした。その後、焼き菓子を販売するお店をオープンして、約5年前にいまのお店に。お店ではいつもお菓子の説明だけでなく、周りのおすすめのお店も教えてくれます。せっかく国立に来てくれたのだから、と。私も自分のお店に来てくださったお客さまに勝手に観光案内をしているのは、しほさんの影響かもしれません。そのサービス精神は、お店の販売スペースにも表れていて、焼き菓子だけでなく、おすすめの菜種油や粉も並んでいます。著書を出されていることもあり、たくさんの人に手づくりのおやつを楽しんでもらいたいという気持ちが伝わってきます。全国にファンがいて、しほさんの味が広がっていくのは本当にすごいこと。以前「hal」でイベントをしてもらったこともあるのですが、地元のお客さまにも喜んでいただけて、うれしかったのを思い出します。

そしてさらにうれしいのは、いまの店舗になってからイートインスペースができたこと（現在は休業中）。季節のジャムを挟んだ「シフォンサンド」やドライフルーツたっぷりの「アースケーキ」が食べられるのです。手土産を買いにといいながら、こちらが楽しみだったりして。またあのふわふわのシフォンサンドを食べたくなってきました。

このときの「シフォンサンド」は小夏ジャムと生クリームを挟んだもの。ジャムは季節で替わるのでいつも楽しみ。

焼き菓子やケーキは約15種類ほど。調味料やしほさんの著書なども販売している。

私が
買ったもの

焼き菓子いろいろ

何を選んでもおいしいけれど、よく買うのはメイプルグラノーラ。甘さがやさしくて、朝食やおやつに。あれこれ買って、手土産にも。しょっぱい焼き菓子があるのもうれしい。左上から時計回りに、チョコレートビスコッティ、メイプルグラノーラ、ピーナツバタークッキー、青のりとカシューナッツのクラッカー。

ふわふわのシフォンサンド、また食べられますように。

下北沢

fog linen work

shop data → p.126

関根由美子さん

せきね・ゆみこ

岩手・盛岡市出身。インテリア雑貨、リネン類の輸入卸売会社「notebooks.ltd」代表。「フォグリネンワーク」オーナー。古書の買い付けを経て現在の仕事を始める。

このとき私が身に着けているワンピースもフォグの商品。スタイリスト・大橋利枝子さんプロデュースのもので愛用中。

さらりとした触り心地で、洗うたびにくったりとやわらかくなっていく。丈夫で何年たってもへこたれない。そんなリネンの生地の素晴らしさを教えてくれたのが「フォグリネンワーク」の商品でした。このお店で扱っているリネンの商品は、店主の関根由美子さんが自らリトアニアまで行ってオリジナルの生地をつくり、現地で縫製しているもの。クロスやエプロン、洋服やタオルなどがあって、縫製もとてもていねいでしっかりしています。商品を見るたびに、関根さんが現地の方と綿密にやりとりをしているのだろうな、と感じられるものばかり。気軽に買いやすい、手頃な価格も魅力です。

いまのお店は、1階が店舗で、2階がレンタルスペース。2階では料理教室や展示会が行われて、私も気になるイベントの際には足を運んでいます。「下北沢で長くお店をやっていますが、駅前の開発もあって入れ替わりが激しい場所でもあります。それでも、古くからある商店街もあって、いい街。個人店や同業者は減ってしまったけれど、2階のスペースがあることでいろいろな方が来てくださるからうれしいんです」と関根さんは話します。昔ながらのお店は減ってしまったかもしれませんが、私にとっては、フォグがあって関根さんがいてくれることが何よりありがたいこと。

お店に来ると、商品を見ながらディスプレイの仕方もとても参考にしています。私は自身の店ではただ商品を並べるだけしかできません。でも、フォグでは実際のテーブルをイメージしてクロスや器を置いてくれているので、実際に使うときのイメージがわいてきます。いろんなチェックを組み合わせるのも楽しいな、黒いクロスにガラスの器だとすごくシックになっていいな、と。

日常使いとしても、プレゼントとしても

オリジナルのリネン商品のほかに、インド製のワイヤーかごやハンガーなどの生活雑貨もオリジナルでつくっていますし、セレクトした器やカトラリーもあり、さらには肌触りのいいコットンのタオルなどもそろいます。ひとり暮らしを始める人や新婚さんへのプレゼントには事欠きません。オーガニックコットンのツイル生地でできた小さなソックスや、赤ちゃんが自分の顔を引っかかないためのミトンなどもあり、出産祝いにもぴったり。私はいつも、赤ちゃんのものとがんばったお母さんへのものをセットにして贈るようにしています。そんなふうに、日常生活で使うものだけでなく、だれかのことを思って選べる商品があるのもフォグのいいところだと思っています。

実はhalを開く前からフォグの商品の愛用者でした。お店にどんな商品を置くか考えた際、まっ先に思い浮かんだのが、自分の家で使い続けてきたフォグのもの。よさを実感しているものなら、お客さまにも伝えやすいはずだと思って。クロスやコースター、エプロンなど、くったりしてもなお丈夫でじゃぶじゃぶ洗える頼もしい商品です。おかげさまで、フォグのコースターやエプロンはhalの定番商品で、買い足しにきてくれるお客さまもいるほどになっています。

いつも参考になるなと思って見ているディスプレイ。クロスの組み合わせや器の置き方など、とても勉強になる。

リネンだけでなく、肌触りのやさしいコットンのタオルも人気。

リネンの洋服は夏に限らず、通年着られるので、ついつい手が伸びる。重ね着をあれこれ考えるのも楽しい。

縁あって halにも

一緒に考えたワンピース

2017年から、オリジナルのワンピースをデザイン。テーマは二の腕やおなかなど、コンプレックスを隠せる服。ポケットも必須。これは下までボタンなので、羽織りものとしても。24,500円

リネンのポーチ

出かけるとき、小物はポーチに入れているので、バッグの中にはポーチがいっぱい。じゃぶじゃぶ洗えるのも選ぶ基準。右）小 1,300円、左）大 1,500円

フェイシャルオイル

友人の香菜子さんに教えてもらってから、朝、蒸しタオルをしたあと、このオイルをつけるのが習慣に。60mℓ 3,200円

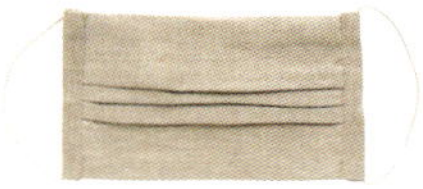

リネンのマスク

いまや必需品のマスク。リネンのマスクは、着けていて涼しく気持ちがよく、洗ってもすぐ乾くので便利。950円

何を話していてこんなに笑っていたのか……。とにかく、路恵ちゃんと話す時間が楽しい。

清澄白河

山食堂

shop data → p.126

矢沢路恵さん

やざわ・みちえ

飲食店でのサービスの仕事を経て、2014年より料理人であるパートナーの山谷知生さんとともに「山食堂」を前店主より受け継ぐ。日本の地域に伝わる特産品を探索している。

「山食堂」にいる私は、いつも大笑いしていると思います。おいしいものをいただいているからだけでなく、お店でサーブしてくれる矢沢路恵ちゃんの話が面白くってしかたないから。いつも楽しい話をしてくれて、笑顔にさせてくれるお店です。路恵ちゃんと最初に出会ったのは、ある本の打ち上げの場でした。山食堂がごはんをつくってくれていて、ものすごくおいしいなぁと思ったことを思い出します。

山食堂は、前にいらっしゃった店主が料理をつくって、路恵ちゃんがサービスをするという形で営んでいたお店でした。「店主が大好きで手伝っていたんですが、いろんな事情から私が店を受け継ぐことになって。でも、私は料理をつくれるわけではないので、パートナーが料理を担当しています。私は引き続きサービスを。受け継いだばかりのころは、緊張と忙しさで、ガタガタ震えて大変だったんですよ。もう本当に生まれたての子鹿並み」と、冗談交じりに教えてくれます。

山食堂があるのは、清澄白河という昔ながらの下町。そこで新たにスタートした路恵ちゃんの姿を見て、向かいの和菓子屋さんが団子を持って訪ねてきたり、別のお店の店主が様子を見にきたりしたのだそう。「私が育ったのは歴史の浅い団地でした。だから、清澄白河の人たちの人情というか、人とのつながりが本当にありがたかったんです」と。街の人たちの温かさはもちろん、路恵ちゃんの人柄もあるのだろうと思います。路恵ちゃんはどんなときもきっと笑顔で迎えてくれるだろうから、周りの人たちも気兼ねなく集まることができるのでしょう。

ちょっと特別な家庭料理をいただけます

山食堂のメニューは日替わり。旬の食材を使って、山谷知生さんが料理してくれます。基本的には家庭料理なのですが、下ごしらえがとてもていねいにされているのが伝わってくる味。たとえば里いものから揚げは、揚げる前に里いもをじっくり炊いて味をしみ込ませているので、かんだ瞬間にじわっとうま味がしみ出してきます。家庭料理だけれど、自分ではつくれない。ほっとするけれど、ちょっと特別な感じもする。それが山食堂の魅力なのだと、ここでごはんをいただくたびに思います。おいしいうえに路恵ちゃんの面白い話も聞けるのだから、通わないわけがありません。私のように遠くからのお客さんもいれば、地元の常連さんも多く、たくさんの人に愛されています。

そうそう、山食堂のショップカードには、こんな言葉が書いてあります。「山食堂　完全に家庭料理の店（海のものもございます）」。おいしくて楽しいお店なんだということが、にじみ出ちゃっていて、すごくいいですよね。

私が
買ったもの

オリジナルの銭湯タオル

山食堂の隣がタオル捺染所で、そこに注文して名入れもしてもらっているタオル。薄くて、温泉などで体を洗ったあと、絞って、体をふけるのが、自分好み。

メニューは日替わり。この日はぶりとかぶの煮物や里いものから揚げとゆりねの天ぷら。どれも滋味深くて本当においしい。

デザートもぬかりなく。焼きりんごのパイ仕立てはほろ苦いソースとアイスの組み合わせが絶品。

下町らしい道沿いにある。店の前は「水かけ祭り」の通り道で、夏のにぎわいがすごい。

ao
11:00-19:00
closed on Tuesday

代官山

ao
daikanyama

shop data → p.126

久保正子さん

くぼ・まさこ

「ao」ディレクター。出版社勤務を経て、「“洗いざらし”のよさを感じるガーゼ服」をテーマに、2005年、「ao」をオープン。6歳の息子と10歳の娘の母。

「乳幼児の肌着としてなじみのあるガーゼ生地を、大人のためにも使いたいという思いが原点だと思っています」と、「ao」のディレクターの久保正子さんが教えてくれます。

その言葉通り、店に並ぶのは、やわらかくてなめらかな触り心地のガーゼ素材を使った洋服や小物。大人っぽいくすんだ色合いのものや、パッと目を引く鮮やかな色がアクセントになっているものなどがあり、初めてここへ来たときにはとても驚きました。ガーゼといえば、赤ちゃん向けの生成のものを思い浮かべていたので、それまでの概念がひっくり返ったのを思い出します。

自社工場を持つ、ファクトリーブランド

そもそも、ガーゼってどういう生地のことを指すのでしょう？　いわゆるコットンというものとはどこが違うのでしょう？「綿の糸をゆるく撚《よ》り合わせて、縦横交互にあまく織った生地のことです。密度が高くないので軽いですし、吸湿性も高くて、速乾性もあります。さらに、二重や三重に重ねると、間に空気の層ができてとっても暖かいんですよ。汗をかく夏だけでなく、寒い冬にもおすすめです」と久保さんが教えてくれます。洗濯してもすぐ乾き、何よりもあまく織っていることでやわらかさがあるので、赤ちゃんの肌着として多く使われてきたのでしょう。でも、そんなにいい生地なら、久保さんが原点だといっていたように、大人だって使いたいと私も思ってしまいます。

久保さんは、それを実現するために自社の縫製工場を持っているのだと話を続けてくれました。「新潟県の糸魚川市というところにあります。ガーゼは、縫製するのにとても手がかかる生地なので、高い技術が必要。いい生地をいいものに仕立てられるよう、国内生産にこだわり、自分たちの目の行き届くものづくりをしています」。

色やデザインは、さまざまなつくり手さんとともに考えているもの。ありがたいことに、私も数年前にスカートやプルオーバーなどを考えさせてもらいました。自分が欲しい形をつくったのだから当然なのですが、肌触りのよさが大好きでいまでも愛用しているアイテム。「大人にもガーゼの心地よさを」という久保さんの思いをこれからも一緒に大事にしていけたらな、と思っています。

ベビー用品もいろいろあって、贈り物にぴったり。

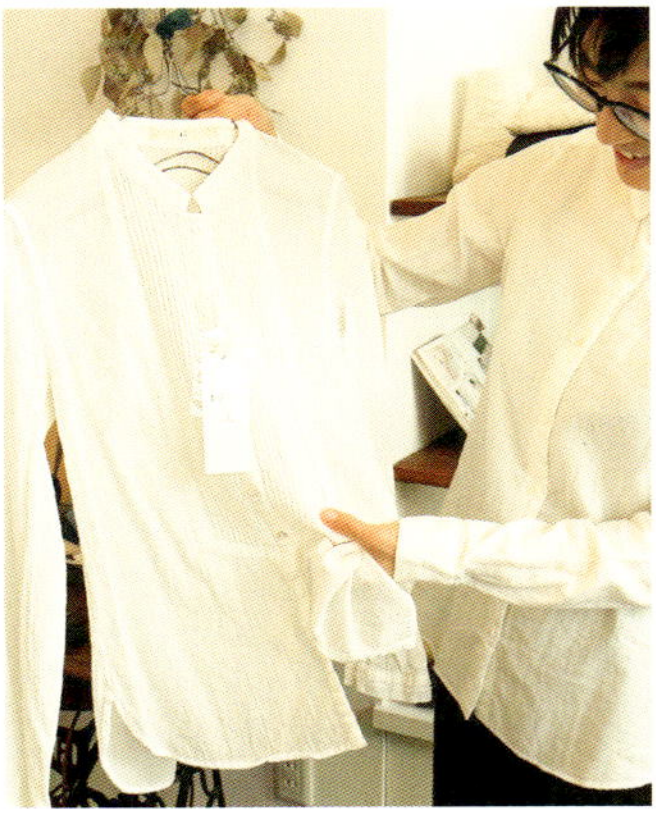

久保さんが最初につくった大人用のシャツ。ふんだんに入ったピンタックを見ると縫製技術の素晴らしさを感じる。

ao daikanyamaは、新ブランド準備のため、2020年11月15日をもって閉店となります。aoのブランドは継続し、オンラインショップ、梅田阪急店、博多阪急店は引き続き営業します。詳しくはaoのホームページをご覧ください。

ao と hal でつくった服。ワンピースは体型をすっきり見せられるようにあれこれ考えたもの。
スカートは色がとてもきれいにできてうれしかった。

縁あって
halにも

一緒につくったガーゼのワンピース

2010年からつくっているオリジナルのワンピース。少しずつ改良を重ねて、マキシ丈に。ストライプのほうは、耐久性を高めるために生地に和紙も使用。右）22,800円、左）25,800円

ガーゼのパジャマ

涼しい季節はこの長袖パジャマを愛用。ふんわりと包み込まれている感じで、やさしい気持ちで眠りにつける。18,400円

私が
買ったもの

ガーゼのストール

ストールは首に直接あたるので、やさしい素材のものが好き。秋冬でも首元に入れておくと暖かい。家で洗えるのもポイント。

松陰神社前

LA GODAILLE

shop data → p. 126

清原奈那子さん

きよはら・ななこ

カフェやレストランでのホール勤務を経て、パートナーでシェフの品田大輔さんとヨーロッパの家庭料理の店「ラ・ゴダーユ」をオープン。自然派ワインに造詣が深い。

商店街からアーケードを入った先にあるお店。

落ち着いた内装で、テーブル席のほかカウンターもある。

初めてお店に伺ったとき、最初に運ばれてきた「野菜のそうざい盛り合わせ」を見て、すでに心をつかまれていました。色鮮やかな野菜がたくさん使われていて、量もたっぷり。酸味のあるサラダやにんじんの甘みがわかるマリネ、スパイスの効いた揚げ物など、それぞれにハッとする味つけがされていて、歯ごたえも違って、さらに野菜の味もしっかり堪能できて、とにかく楽しい。おいしくて盛りのいいお店っていいなぁと思ったのを覚えています。

「ラ・ゴダーユ」は、サービス担当の清原奈那子さんとそのパートナーで料理担当の品田大輔さんが営むお店。息子が学生時代に近くに住んでいたので、友人と一緒に訪れて以来、息子を連れていったり、本の打ち上げをさせてもらったりと、ちょこちょこ通っています。このあたりは、商店街が元気で活気があるのを感じます。

「私も、買い物をするたび、商店街がきちんと街に根づいていていいなぁと思っていました。創業100年を超えるパン屋さんもあるし、昔ながらの魚屋さんや肉屋さん、八百屋さんもあります。新しく洋菓子店や居酒屋もできて、すごくいい雰囲気」と清原さんもうれしそうに教えてくれます。

おいしいだけでなく、説明も楽しいお店

ラ・ゴダーユで出しているお料理は、先述の盛りのいい前菜のほか、食べごたえのある肉料理もあれば、野菜がたっぷり添えられた魚料理もあり、自家製酵母パンも。さらに、清原さんおすすめの自然派ワインもあります。

ある日のメニューを紹介すると、「天草 カツオのコンフィ・サラダニソワーズ」「新潟 もち豚自家製ソーセージと緑豆、キヌア」「岩手 短角牛ランプステーキとフリット」「新潟 のどぐろと渡り蟹のスープドポワソン」など。もう文字を読んだだけで、むずむずしてきます。野菜の下処理など、とてもていねいに繊細にされつつも、肉や魚はどーんと豪快なことも多く、店を出るときには、いつも幸せな気持ちでおなかも心もいっぱいです。

どれもおいしいのはいわずもがなですが、いつも素晴らしいなと思っているのが、清原さんの説明。どんな人がどう育てた野菜なのか、どこでとれてどんなうま味のある肉や魚なのか、それをどう調理しているのか、とてもわかりやすくお話ししてくれるのです。野菜は無農薬や自然農法のものが中心。肉や魚も国内の新鮮なもの。その日届いたものを調理してくれています。安心して食べられる食材を選んでいるのが、メニュー名からも清原さんの説明からも伝わってきます。そして、いつも居心地がいいと感じるのは、その説明が決して熱すぎるわけでもなく、素っ気ないわけでもないところ。もちろん、清原さんの中には熱い思いがあるでしょうが、こちらに押しつけるようなことはせずに、さりげなく、でも、本当においしくていいものだと思っている気持ちが伝わってくるお話をしてくれます。私も店主としてこうありたいな、と思わせてくれるお店なのです。

自家製酵母パンは、もっちりしていて、料理に合わせるのにすごくいい風味。お料理はもちろん、自然派ワインがそろっているのも、このお店のよさ。どんな国のどんなつくり手さんか、清原さんの説明が楽しい。

手前が「野菜のそうざい盛り合わせ」、奥は「鯖のパン粉焼きとラタトゥイユ」。その日、入荷した旬の野菜たっぷり。

蔵前

SyuRo

shop data → p. 126

町工場兼倉庫だったという場所を改装したお店。天井が高くて、とても広々とした空間が気持ちいい。

宇南山加子さん

うなやま・ますこ

女子美術短期大学卒業後、照明会社に勤務。フラワースタイリストのアシスタントを経て1999年、生活デザイン雑貨の企画会社を設立。2008年、自身の店「シュロ」を開く。

古いビルが多く残っていたり、民家の軒先に植木が並んでいたり、ときどき野良猫がゆっくり歩いていたり。下町には、独特の時間が流れている気がします。思わず写真を撮りたくなるような場所がたくさん。東京の東側に位置する台東区鳥越は、そんな下町の雰囲気が残っている街です。そして、大好きなウナちゃん＝宇南山加子さんのお店「シュロ」がある場所。

シュロは、食器やクロス、収納道具やスキンケア用品など、毎日の生活での日用品を扱うお店です。オリジナル商品のほとんどは、日本の職人さんが手がけていて、どれもていねいでしっかりしたつくり。たとえば、「角缶」や「丸缶」という商品は、halでも扱っているシュロの定番商品です。

商品を企画して、技術を残したいという思い

角缶は直方体、丸缶は円柱形で、どちらもふたつき。ブリキや真鍮、銅などの金属板を曲げてつくっているもので、とくに角缶は、特別な職人さんの技術が必要だとウナちゃんが教えてくれます。「角を見るとわかるんですが、『曲げ』だけでつくっているんです。ハンダで留めたりしていません。これができる職人さんはすごく少ない。私がお願いしていた方には後継者がいなかったので、新たに職人を育てることにしたんです」。そして、職人さんから工場を引き継ぎ、新しい職人さんを募集して、日本の技術を受け継ぐことに。そのバイタリティには頭が下がります。

缶に限らず、ブラシやガラスなど、ウナちゃんは職人さんの技術を引き継ごうと奮闘しています。そもそも、技術があっても、買ってくれる人がいなければ成り立ちません。逆にお客さまが増えてきても、後継者がいなければ技術は続いていきません。「ただ売るだけじゃなく、技術を残していきたい。いまのライフスタイルに合うものをつくって、たくさんの人に日常使いしてもらえれば、需要が増えて、職人さんの励みにもなる。結果、後継者も増えてくれたらいいなと思っています」。

鳥越がある台東区は、浅草橋や御徒町など昭和初期から発展してきた問屋街が多く残っています。手芸用品や文具、玩具などを扱う店が並び、それをつくっている職人さんもたくさん残っている地域。そんな手仕事を支えたいと思うようになったのは、会社勤めのために都心で暮らしたことがきっかけだったとウナちゃんはいいます。「鳥越で生まれ育ったけれど、近すぎてよくわかっていなかったんでしょうね。別の場所に住んだことで、改めて地域に残っている手仕事の素晴らしさに気づいたんです。昔、老舗のすき焼き屋さんでアルバイトをしていたんですが、そこで常連さんからこの土地の話を聞くことが楽しくて。江戸の文化から娯楽が広がったから、それを支える職人さんが多いんだ、とか、すごく勉強になりました」。

ただ物を売るだけではなく、技術も受け継いでいく。苦労も多いと思いますが、いつも明るく気さくに話してくれます。それが、いわゆる下町気質と呼ばれるものなのかもしれません。彼女のおかげで知ることができた日本の手仕事がたくさん。これからも楽しみに、応援しています。

ウナちゃんのお父さまはジュエリーデザイナーだったそう。
このブックマークはそのお父さまが考案したものを受け継ぎ、職人さんが手づくりしている。

オリジナルの商品以外にも、国内外の古道具市で仕入れた商品も並んでいる。
昔の職人さんが使っていたであろう道具なども。

棚の中段にあるのが「丸缶」。お茶筒としてはもちろん、コーヒー豆や調味料などの食材、さらには文房具などの収納道具としても。
うすはりグラスのコップやオリジナルの食器も人気。

縁あって halにも

スキンケア いろいろ

スキンケアは使用感に加えて香りも重要。すべて私も愛用中。左から、オーガニックフェイシャルオイル13㎖ 3,000円、フェイシャルセラム30㎖ 6,300円、オーガニックフェイシャルトナー100㎖ 4,000円

丸缶

家では、緑茶などの茶葉入れに。地元台東区の職人さんにつくってもらっているというウナちゃんの心意気にも大いに共感。大）1,800円、小）1,500円

リネンのクロス

松屋銀座のイベントで買ったのが最初。お皿ふきやクロスのほか、インテリアになじむ色味なので、かごの目隠しなど、多用途に使える。各1,650円

神奈川・鎌倉

cafe vivement dimanche

shop data → p.127

堀内隆志さん

ほりうち・たかし

1967年生まれ。流通の仕事を経て自身の店をオープン。2009年、焙煎士に。コーヒーや音楽に関する執筆も。著書は『コーヒーを楽しむ。』（主婦と生活社）など。

当たり前なのですが、カフェというのは、コーヒーを飲んだりごはんを食べたりする場所です。でも「カフェ ヴィヴモン ディモンシュ」は、それだけじゃないと思うお店。ライブやトークショーなどのイベントをしていて、写真展や個展を開催しているときも。マスターの堀内隆志さんはコーヒーに詳しいだけではなく、音楽にも造詣が深く、CDをプロデュースしたり、ラジオ番組を持っていたりもします。ここに来るたびに、友人や新しい人と出会えます。

ディモンシュがあるのは神奈川県、鎌倉駅を降りてすぐの小町通りから少し入ったところ。小町通りは鎌倉のメインストリートである鶴岡八幡宮への参道と平行した道で、土産物店や飲食店が立ち並び、いつも観光客でにぎわっています。でもちょっと横道に入ると緑豊かでとても静か。神社やお寺が多く、鎌倉に来たなと実感する空気が流れています。

堀内さんが店を構えたのは1994年。「もともと、学生時代に出会った美術家の永井宏さんとの縁がきっかけでした。就職してからも葉山にあった永井さんのギャラリーに通っていて、物を生み出すことはできなくても、空間をつくることはできるのではないかと思ったんです。でもね、最初の1年間は、本当に大変でしたよ。お客さんが来なくて、暇でしたねー」と笑いながら教えてくれます。そんな開店時の苦労がありつつも、すぐにコーヒーのおいしさや堀内さんの人柄が人気になって、その後のカフェブームの立役者ともいわれる存在に。全国からお客さんが来るようになりながらも、地元の人たちがゆったりくつろげる空間。観光客にも、この土地に住む人にも愛される店にするのは、とても大変なことでしょう。そのバランスが絶妙だなと思います。

ディモンシュがあるから、鎌倉散策が楽しめる

鎌倉は、ほかにも見どころがいっぱいある街。お店もたくさんありますし、美術館もあればギャラリーもある。ぶらぶら歩きながら海にも行けるし、地元の人たちが「レンバイ」と呼ぶ鎌倉市農協連即売所もあって、珍しい鎌倉野菜を買うこともできます。夢中になって歩いていると疲れてしまうのですが、ディモンシュがあるから大丈夫。コーヒーを飲んでおいしいオムライスを食べて、ときにはパフェまで欲張って。販売しているCDを見たり、カウンターでコーヒーを淹れている堀内さんに話しかけたりしているうちに、また元気になります。それに、ディモンシュには堀内さんが焙煎したコーヒー豆がたくさんそろっているのも私にとってはうれしいこと。いつも自分の好みや気分を伝えてそれに合う豆を買って、一緒に友人へのお土産にも買い込みます。家に帰ってから、豆を挽き、コーヒーを淹れると、それはそれは幸せな気持ちになって、これもディモンシュのおかげだなと感じるのです。ちなみに、コーヒーミルはディモンシュオリジナルの「みるっこ」を愛用。

居心地がよくて、新しい音楽や映画を知ることができて、おなかも心もいっぱいになる。鎌倉に行けばディモンシュがあると思うだけで、なんだかうれしくなってくるのです。

オムライスは開店当初からの定番メニューだそう。
大と小があるのがありがたい。小は、小さな子どもにもいいし、デザートまで欲張りたい私にもぴったり。

むくむくと豆が盛り上がっているのは、新鮮な豆とマスターの腕があってこそ。

お店では、たいていカウンターに堀内さんがいて、ニコニコしながらコーヒーを淹れてくれる。

食事をしたあと、堀内さんが焙煎した豆を買って家で飲むまでが、ディモンシュの時間だと思っている。

私が買ったもの

深煎りのコーヒー豆

朝は、コーヒーか紅茶、お茶を飲むのが習慣。コーヒー係は、昔からずっと夫。マンデリンブレンドなど、深煎りのものが好き。

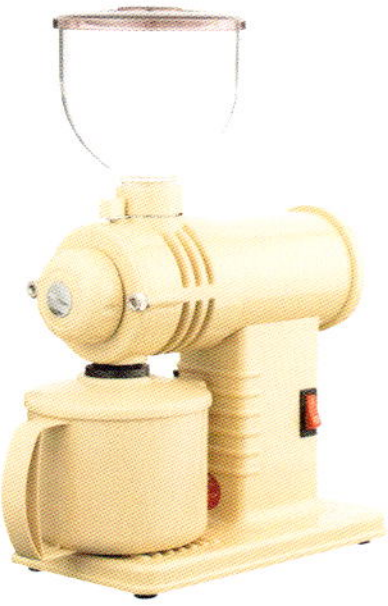

みるっこ

ディモンシュオリジナルカラーの業務用コーヒーミル。堀内さんがすすめるものなら、と迷わず即購入。たしか、通販第1号だったはず。

いつものバッグの中身

小さなバッグ
名刺入れ
財布
ティッシュ
老眼鏡ふたつ
手ぬぐい２枚
大事な手紙
スマートフォン
マウスウォッシュ
10倍鏡
ばんそうこう
いろいろ
カギ
サインペン
ウエットティッシュ
綿棒
つまようじ
ワセリン
日焼け止め
香りのスプレー
かゆみ止め
のどあめ
マスク４～５枚

お母さん的な世話焼きグッズをたくさん入れて出かけます

よく荷物が多いねといわれます。小さなバッグに最小限のものだけで出かけられる大人の女性にも憧れますが、私はどうもそういうタイプではないようです。移動中の電車内が乾燥していたらのどが痛くなるかもしれない。急に天気がよくなって日差しが強くなるかもしれない。蚊に刺されたら嫌だし、一緒にいる人が靴ずれすることだってあるかもしれない。そんな「かもしれない」を想像して、あったら安心なものをあれこれ持ってしまうのです。お母さんらしいといわれますが、乙女心だってあるんですよ。憧れのあの人に会えたらサインをいただけるよう、サインペンも忍ばせていますから。

いつものバッグ

1年を通してよく使う、大好きな3つのバッグです。
本当に使いやすくてみんなに宣伝してます。halで売ってます。

スレッドラインの
トートバッグ

通勤など、一番よく使うバッグ。持ち手を黒にしたhalオリジナル。A4がすっぽり入るサイズ。ポケットも5つ付いているので、荷物が迷子にならない。6,700円

スレッドラインの
ショルダーバッグ

ホックがひとつ付いた、マチなしのバッグ。幅の広いショルダーなので、肩への食い込みもなく、斜めがけもできる。ちょっとそこまで、の用事のときに。3,800円

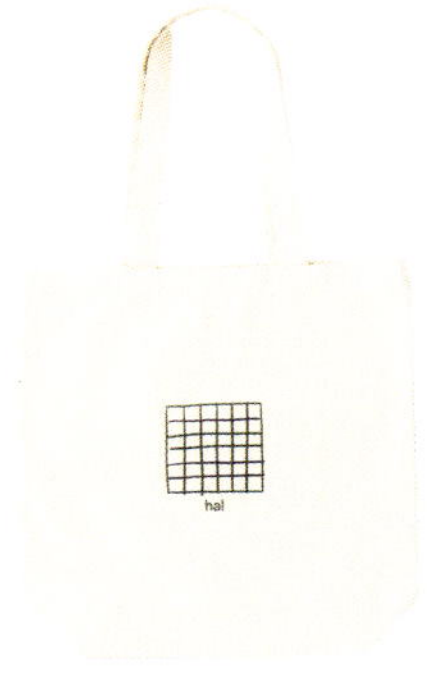

hal
オリジナルエコバッグ

買い物にも持っていくバッグ。肩かけしやすいようにショルダーは長め。帆布製でマチ付きなので、荷物もたくさん入る。友人の石坂しづかさんのイラスト入り。1,200円

季節のファッションと小物

春

ハグオーワーの
花柄ストール

まだ肌寒い日もあるので、ストールは便利。春らしい柄をポイントに。

プランテーションのバッグ

シルバーはどんな洋服にも合わせやすい色。ちょっと華やかになる。

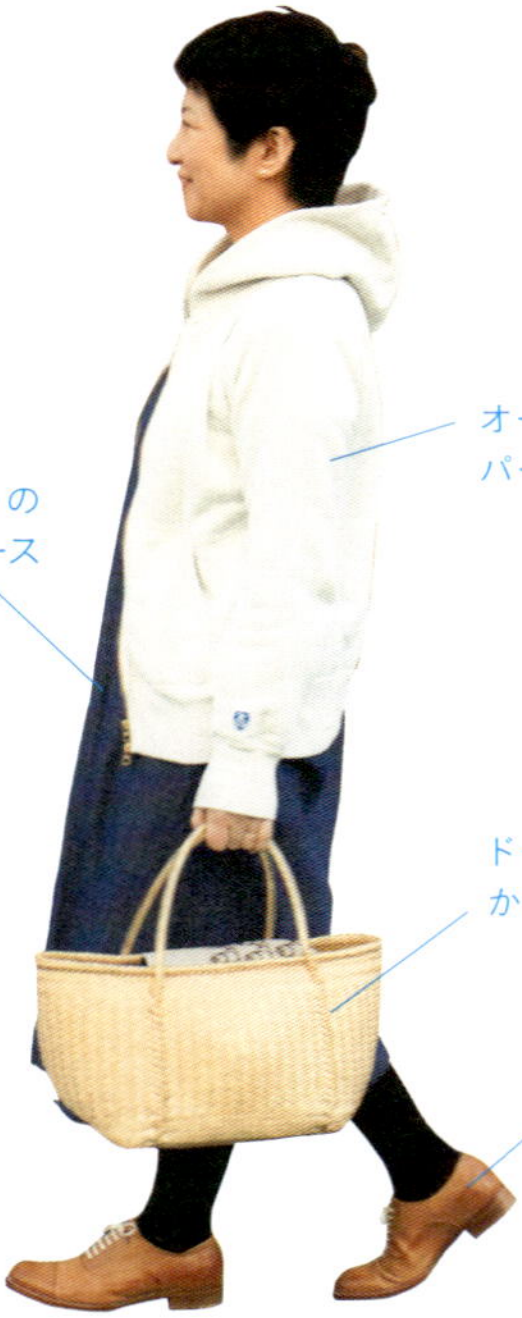

オーシバルの
パーカー

ao の
ワンピース

ドーサの
かごバッグ

アーツ＆サイエンス
の靴

ハウス オブ ロータスの
ワンピース

フォグ
リネンワークの
リネンバッグ

プチバトーの
パンツ

トリッペンの靴

キジマ タカユキの
帽子

日光アレルギーなので、帽子は必需品。軽くて蒸れない素材を選んで。

松野屋の晴雨兼用傘

色もデザインもお気に入りの傘なら、雨でも気持ちが明るくなる。

ユニクロの
サングラス

試しにかけたら、しっくりきたので購入。大きさや形がぴったりで。

夏

メルカドバッグ

軽くてたっぷり入るので色違いも使っている。濡れてもふけばよし。

トリッペンの
バングル

大ぶりのバングルは、半袖のポイントに。やわらかい革でなじみがいい。

ジョンブルの
バングル

フランス製のデッドストックだというバングル。軽くて使いやすい。

アーチェリーの
シャツ

ソニアショッパーの
バッグ

モリカゲシャツの
スカート

ドレステリアで
買った
サンダル

松野屋の
晴雨兼用傘

ソースの
ピアス

フォグリネンワークの
カシュクール

ソースの
ブレスレット

コム・デ・ギャルソンの
バッグ

トリコ・
コムデギャルソン
の靴

扇子

涼を取れるよう、扇子をバッグに。コンパクトで軽いのが一番。

トリッペンの
サンダル

編み込んだデザインがかわいい。ヒールの高さがあるのに、疲れない。

秋

ヤエカの
ワンピース

コム・デ・ギャルソンの
カーディガン

アーツ&
サイエンスの
バッグ

トリッペンの靴

ノガミミキの
ストール

肌触り抜群の手織りのストール。これ一枚あるだけで気持ちが違う。

エスキキの
ベレー帽

秋らしい素材や色を、帽子から取り入れることも。洋服のアクセントに。

KO のバッグ

長いフリンジと色がキュートなバッグ。大きさ違いも愛用中。

KO の
ブレスレット

長袖シャツやコートを着るようになったら、ブレスレットは華奢なものに。

ル・ピボット別注トリッペンの
ショートブーツ

ショートでヒールがあると、スカートにもパンツにも合わせやすくて便利。

プランテーションの
コート

シープの
カットソー

リュトモスの
バッグ

ル・ピボットの
パンツ

ショセの靴

冬

コム・デ・ギャルソンの
バッグ

冬はどうしても暗い色が多くなるので、バッグをポイントに。

ジョンストンズの
カシミヤストール

寒い日は、大判のストールが便利。首に巻くだけじゃなく、ひざかけにも。

手袋

レザーで中がボアのあったか手袋。とにかく冷えは大敵なので重宝する。

n100の
カシミヤストール

大判で、かつ、軽くてやわらかいのがいい。巻きやすくて肌触りも抜群。

ニット帽

重い印象にならないよう、明るい色を選ぶ。ウールの暖かいものを。

ユニクロの
ウルトラライトダウン

コートの下に重ねると本当に暖かい。丈と色違いをそろえている。

銀座

森岡書店

shop data → p.127

森岡さんは、本だけでなく
デザインにも造詣が深い。

森岡督行さん

もりおか・よしゆき

1974年生まれ。東京・神保町の一誠堂書店に勤務後、2006年、「森岡書店」として独立。2015年、銀座に移転。著書に『本と店主』（誠文堂新光社）などがある。

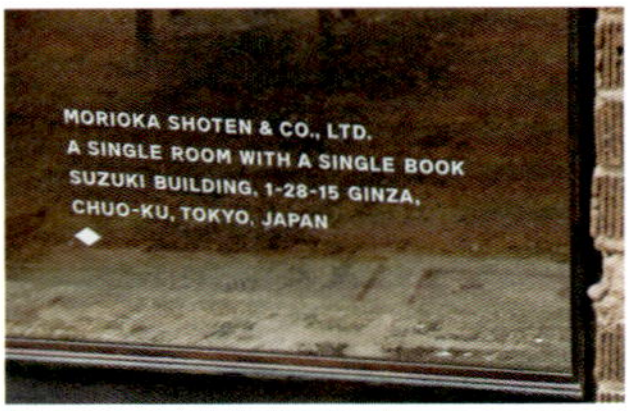

たった一冊の本だけを売る書店があると聞くと、だれしもびっくりすると思います。私もこの話を聞いたときには驚きましたが、店に行ってみて納得しました。一冊の本だけだからこそ、そこに込められた思いや情熱をしっかり伝えることができ、お客さまとのコミュニケーションも存分にできるのだ、と。それが森岡督行さんが営む「森岡書店」のあり方なのでしょう。

この場所と本の力があってこそ

以前、森岡書店は別の場所にあって、美術書や写真集などを中心に扱う古書店でした。古いビルの中にはたくさんの本が積まれていて、その一角はギャラリーとして使われていたこともあります。そのときも店内には静謐《せいひつ》な空気が流れていて、どこか違う国に来たような雰囲気のお店でした。そこからなぜ、一冊の本だけを売るようになったのでしょう？「この鈴木ビルと出合ったからです。もともと古いビルが好きなのですが、とくにここは、戦中期に、写真家で編集者の名取洋之介が主宰する『日本工房』が入っていた場所。日本の文化を伝える雑誌『ＮＩＰＰＯＮ』をつくった場所だと知り、その背景も含めてここで店をやりたいと思ったんです。以前の店での経験から一冊の本だけでも十分だと思っていました。最初は2軒並行して開店していたんですけど、少ししてこちらのお店に専念することにしたんです」と森岡さんは眼鏡の奥の目をキラキラさせて教えてくれます。

たとえば写真集なら、写真を展示したり販売したり。雑貨や花にまつわる本なら、実物を販売することもあります。でも、販売する本は一冊だけ、が森岡書店のルール。期間も1～2週間くらいだけ。ものすごく思い切っていていいですし、本そのものだけじゃなく、つくり手さんのことも大切にしている気持ちが伝わってくる展示なのです。実際につくり手さんが店に立っていることも多いので、直接お話を聞くことができるのも楽しいですし、森岡さんとのトークショーが開催されることもあります。私もよく足を運んでいて、森岡さんとお話をするうちに自著を販売していただく機会に恵まれたこともありました。自分の本を並べ、さらにhalで扱っている商品を置いて、いつもと違った心持ちで森岡書店に立つというのはとてもいい時間だったことを思い出します。森岡さんが「場と本には力がある」といっていたのですが、まさにそれを実感する時間でした。

古いビルがもつ雰囲気と、一冊の本だけを売るという心意気。その気持ちを同じくする人が集まっていて、森岡書店はいつもいい空気だな、と感じます。場と本の力はもちろんですが、やっぱり森岡さん自身のお人柄が一番大きいのではないかなとも思います。販売する本についてだれよりも熱心に話をしてくれますし、展示しているものについても詳しく語ってくれます。その一方で、つくり手とお客さんが話しているときには、ニコニコしながら見守ってくださる、絶妙な距離感。

帰るときにはいつも外まで出て手を振って見送ってくれる。そんな森岡さんだからこそ、この場をつくることができるのだろうなぁと、毎回手を振り返しながら思っています。

展示スペースは約５坪の広さ。一冊の本とそれにまつわる物販を行うスタイル。上階にあるスペースでトークショーを行うこともある。

私が
買ったもの

本いろいろ

著者にサインをもらえることも。『GINZA TOKYO 1964』伊藤昊著、『すぐそばの工芸』三谷龍二著、『花と料理』平井かずみ／渡辺有子／大段まちこ著

代々木上原

Roundabout

shop data → p.127

小林和人さん

こばやし・かずと

1975年、東京都生まれ。多摩美術大学卒業後、自身の店「ラウンダバウト」を開く。2008年に吉祥寺に開いた姉妹店「アウトバウンド」では、個展や受注会なども多く行う。

吉祥寺の店にあった什器を使ったり、ビルの手すりを活用して洋服をかけるポールにしたりしている。

同じ商品でも、店の雰囲気や隣に並ぶものによって違った印象に見える。そんなことはありませんか？　私自身も、自分の店で扱っている商品やどこかで買ったものを別の店で目にして、ハッとすることがあります。「ラウンダバウト」は、訪れるたびにそんな気持ちにさせられる店。この器ってモダンな感じにも見えるのか、このアクセサリーって大人っぽい雰囲気にもなるんだな、と。それは、店主の小林和人さんの力だろうなと感じています。

ラウンダバウトにある商品は、作家さんの手仕事による器や、プロ向けのキッチン道具、ヨーロッパの軍放出品のクロス、海外の文房具などさまざま。どれも、生活するうえであったらいいなと思える日用品です。シンプルで丈夫なボウルがあったかと思えば、実験用のピッチャーが。かわいらしいかごバッグもあれば、アメリカのヴィンテージの折りたたみ椅子がある。古いものも新しいものも、大量生産のものも一点ものも、小林さんのフィルターにかかると、一気にラウンダバウトらしく見えてくるから不思議です。「ひとつのものに頼って店のカラーをつくるのではなく、自分で編集した空間を見せたいと思っています」という話に納得します。どの商品も大切に扱われていて、調和している感じ。すべてに小林さんの愛情が注がれていることがわかります。

接客についても、小林さんの姿勢はとてもていねい。さりげなく話しかけてくれたり、質問すると、商品の情報を惜しみなく教えてくれたり。ゆっくり店内を回っているとそのまま放っておいてくれるのもよくて、お客さまとの距離感を大切にしていることが伝わってきます。ちょっと暗い店内が居心地よく、あれもこれも手に取っているうちに時間があっという間に過ぎていきます。

誠実さが伝わってくる店の雰囲気を味わいに

もともと、吉祥寺にお店があったのですが、ビルの老朽化で移転することに。とても古いビルで味わいのあるいい雰囲気でした。たくさんの人が出入りしてすり減った階段を上った先にあって、ドアのガラス窓からほんのり温かい光が漏れていたことを思い出します。代々木上原に移転してもその雰囲気は変わらず、ちょっとほの暗い店内で落ち着いた大人の空気が満ちていて、さすが小林さんだと思いました。「いままで来てくださっていたお客さまに対して誠実でありたいと思って」という言葉が、それを物語っていて、きっとどんな場所へ移っても、彼は同じような雰囲気をつくることができるのだろうな、と感じます。常に新しいものを取り入れて変化することも大切かもしれませんが、同じ空気を大切にし続け、変わらないでいることも同じくらい大事なこと。もちろん、新しいアイテムも増えてはいるけれど、店の雰囲気を保ち続ける素晴らしさを、ラウンダバウトに来るたびに実感します。共通の友人が多く、会えばいつも冗談をいってくれてカラオケでは熱唱してくれて、笑わせてもらっていますが、実はとてもまじめな人。商品に対しても、つくり手に対しても、お客さまに対しても誠実であろうとする姿を知っているので、これからも通い続けたいです。

コーディネートしすぎず「標本のように並べる」のが小林さん流。

「金物屋さんのようなコーナー」という窓際の箱には、新旧ばらばらの日用品がきれいに収まっている。

私が
買ったもの

セメノの
ブレスレット

数年前に立ち寄った際に購入。秋冬には、ニットなどの袖口から、ちらりと見えるよう、細めのブレスを選ぶことが多い。

キヤリコの
ローブと半袖カットソー

こちらは姉妹店の企画展で購入。ローブなど、ロングの羽織りものは、重ね着などにとても便利。カットソーもカディコットン素材でさらりと着られる。

尾山台

chiclin

shop data → p.127

奥村健男さん・麻利子さん

おくむら・たけお、まりこ

1997年にブランドをスタート。全国での展示会を経て、アトリエ兼ショップ「チクリン」をオープン。麻利子さんは「mitsou」の名でイラストレーターとしても活躍。

白が基調の店内。麻利子さん着用の黒やネイビーなどの定番色のほか、赤や緑などの鮮やかな色の服が映える。

年齢を重ねるごとに思うのが、洋服を着て会う相手に不快感を与えたくないな、ということ。ＴＰＯとよくいいますが、本当にその通りで、相手や場所、状況に合わせた洋服を選びたいと考えることが多くなりました。そこで大切にしたいのが上品さ。とくにショートカットにしてからは、女性らしさも意識するように。「チクリン」には、そんな気持ちにこたえてくれる頼もしいアイテムがそろっています。

チクリンは奥村健男さんと麻利子さんが営むお店。洋服はデザインやパターンをすべて健男さんが手がけ、それに合うアクセサリーやストールなどを麻利子さんがセレクトしています。以前は、店舗を持たずに、シーズンごとに展示会を開き、ホームページなどで販売していました。お店ができ、いつでも洋服を手にできることだけでなく、奥村さんご夫婦に会えるのもまた楽しみです。

シンプルで細やかで、上品に見せてくれる洋服

チクリンの洋服は、実際に袖を通すと、素材の上質さや形の美しさを実感します。「どんな人が着てもきれいにすっきりと見えることを理想にしています。上品に見える生地を使いたくて、ほとんどがオリジナルのもの。体型に合わせてセミオーダーできる商品もあります」と健男さんが教えてくれます。たとえば、スカート。前から見るとストンとした台形ですが後ろはフレアになってい

て歩くたびにひらりと揺れてきれいなうえに、お尻の大きさも隠してくれるデザインです。スタンダードなシャツは衿が少し小さめで、ボタンを隠した比翼仕立てのデザインなので、キリッとした印象。ストレートなシルエットのコートは、着痩せして見えるのにきちんと肩や腕が動かしやすいゆとりもあります。一見シンプルだけれどチクリンにしかない細やかさがあると、着てみて実感するものばかり。流行に左右されないから、長く愛用できるのもうれしいこと。私は、気に入った形があると、つい色違いや素材違いが欲しくなります。定番のシャツやコートなどはシーズンごとに素材違いが出るので、それもすごく楽しみ。それも、少しずつブラッシュアップされていて、パンツの股上の深さが変わっていたり、コートのスリットの形状がちょっと違っていたり。動きやすさ、形の美しさを常に考えてくれています。

それに、素材の気持ちよさにもいつも驚かされます。コットンシルクはなめらかで頬ずりしたくなるほどですし、ウールメルトンは、ものすごく暖かくてなおかつ軽いので肩こりもしません。コットンリネンは、シワができてもそれがくったりとこなれた感じに見えるほどです。麻利子さんの本業はイラストレーターで、そのタッチも大好きなのですが、彼女が選ぶ小物もすごく素敵です。シンプルだけれど存在感があるもの、肌触りのいいものが多くて、チクリンの洋服によく合います。

上品で美しい洋服や小物を見てからお店を出るときには、ちょっと背筋を伸ばし、きれいに歩こうと思っている自分がいます。しゃんとした気持ちにさせてくれる、そんなお店なのです。

15年以上つくりつづける、代表作ともいえる丸衿シャツ。無地のほかに透け感のあるドット柄など、シーズンごとに素材を替えて。

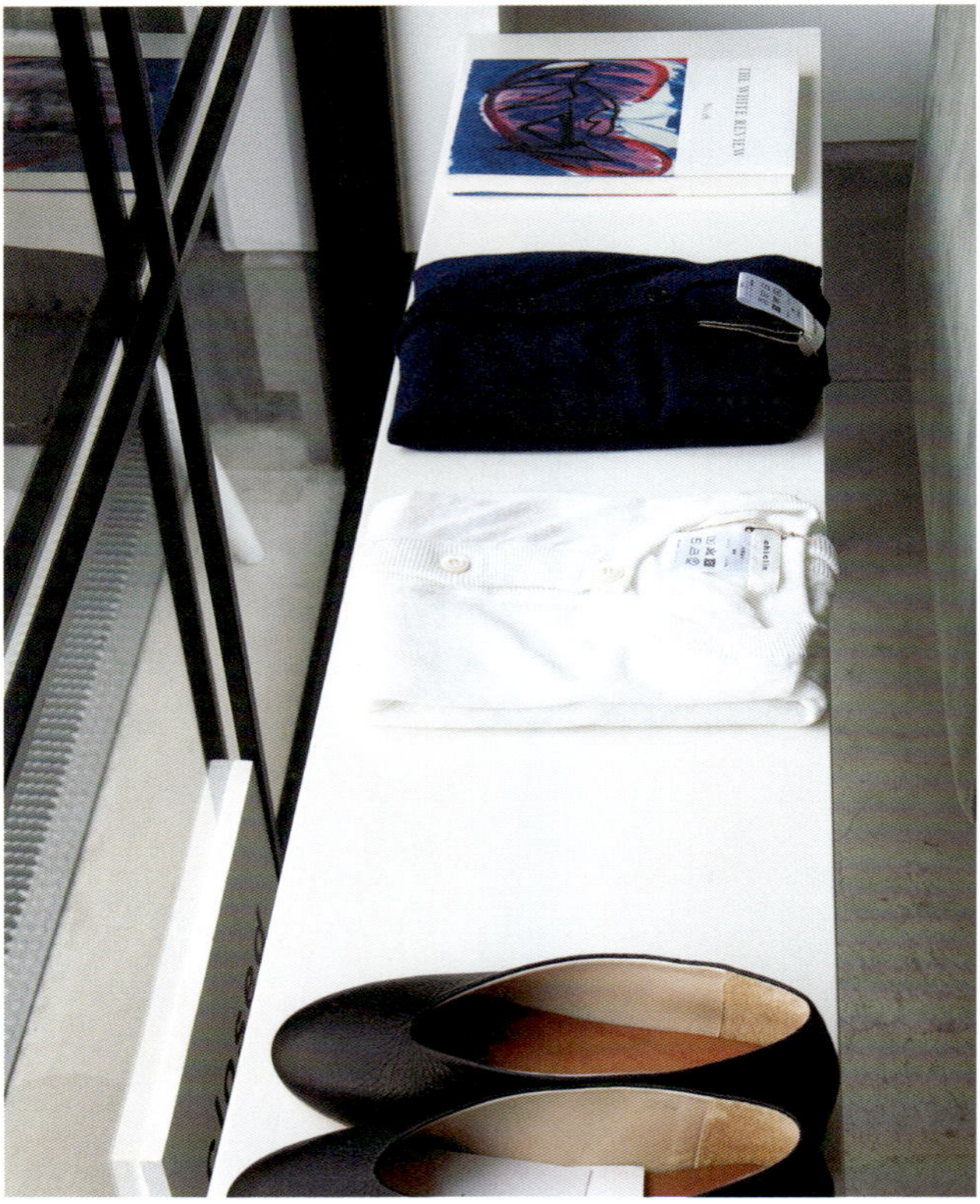

窓からやわらかな光が入る店内。健男さんのデザインした洋服と麻利子さんが選んだ靴やアクセサリーが並んでいる。

ゴールドやパールの繊細なジュエリーは「ヨリコミツハシ」のもの。

私が買ったもの

コートとカットソー

気に入って、色違いで買ったカットソー。さらりと一枚でも着られて、首の開きもちょうどいい。季節問わずに着られるのもありがたい。

お店で羽織ってみて、気に入って買ったコート。風が入らないように首元がホックで留められるようになっているなど、着る人を考えた工夫がうれしい。

西麻布

桃居

shop data → p.127

広瀬一郎さん

ひろせ・いちろう

編集者、コーヒー店やバーの経営などを経てギャラリー「桃居」をオープン。幅広い分野のつくり手を見続け、著名な作家を輩出し続けている。

「桃居」がオープンしたのは1987年。暮らしのなかで使う器を中心に扱うギャラリーで、私は自分のお店を始める前から通い続けてきました。陶器や磁器、漆器などたくさんのつくり手さんを教えていただいた場所であり、背筋を伸ばして足を踏み入れる、昔もいまも憧れのギャラリーです。

いまでこそ、器を扱うギャラリーやショップは全国にありますが、開店当時はほとんどなかったそう。「器を買うとなると、デパートか美術画廊みたいなところしかなかったんです。デパートだと量産のものだし、画廊では桐箱に入った5客セットの美術品で、買える金額ではありませんでした。もっと生活のなかで使える器を選べる場所があったらいいなと思って。ファッションや美術に関しては自分で選んでいるのに、食器にはまだ目を向けていない人が多かった。これから必要とされるだろうと思ってこの店を開きました」と店主の広瀬一郎さんが穏やかに話してくれます。

器を扱うギャラリーやショップの先駆け

桃居ができたころは、デパートや画廊に持ち込まないつくり手が少しずつ増えてきたころでもありました。「陶芸」が芸術ではなく、暮らしの道具をつくる「工芸」として認知されていったのかもしれません。産地の名前＝ブランド、陶芸家が先生という概念が少しずつ薄れていった時代。広瀬さん自身は、もともと現代美術が好きで、興味が少しずつ土器へと移り、そして暮らしのなかの器へと広がっていったとか。「自分が美しいと思えるもの、使ってみたいと思えるものを選ぼうと考えたんです」と話す広瀬さんの審美眼を頼りにしている人がたくさんいて、ここから有名になった作家さんも数多くいます。時代の移ろいとともに、つくり手を紹介し続けてきた場所なのです。

つくり手さんとのつきあいもとても長く、桃居での展覧会はいつも楽しみでしかたありません。どんな作家に対してもまっすぐ向き合っている広瀬さんの姿勢にはいつも頭が下がります。「時代が変わってくると使い手の要望も変わってきますよね。新しいつくり手さんも生まれますし、私自身も刺激をもらっているんです。この仕事を選んでよかったなと思っています」。広瀬さんはいつも穏やかでゆったりとした空気をおもちで、それがギャラリーの中にも。ゆっくりと作品を見ることができてとても居心地のいい空間です。

私も作家さんの器を扱っていて感じるのは、それが特別なことではないということ。もちろん、つくり手さんの思いや技術はとても大切ですし、お客さまにきちんとお伝えしたいと思っています。ただ、それを日常の生活のなかで使っていただけたらうれしいなと考えています。食べるときはもちろん、料理をつくりながらどの器に盛りつけようか考える時間も、食べ終わってから洗う時間すらも、なんかいいなと思ってほしい。私自身がそれを実感しているからです。料理をしたり、片づけたりするのは毎日続いていくこと。だからこそ、作家さんの器の力を借りて楽しくなったらいいなと思います。広瀬さんは、それを桃居という場所から私たちに教えてくれた、大切な人です。

器を見るときには、荷物を気にしたくないので、店内のベンチに置いてゆっくり手にするように。
広瀬さんの視点で選ばれた書籍の販売もうれしい。

広瀬さんはいつもつくり手さんの思いを真摯に教えてくれる。その誠実なお話にいつも背筋が伸びる思い。

縁あって
halにも

作家さんの器

左から、村木雄児さんの器、浅井純介さんの片口、赤木明登さんの漆の椀。桃居でも個展をされている方々。物の素晴らしさはもちろん、人としても大好きな人ばかり。約15年愛用の椀は、最近初めて漆を塗り直してもらった。

稲荷町

itonowa Life

shop data → p. 127

渋谷有美さん

しぶや・ゆみ

アパレル会社にて販売員として勤めたのちにカフェを立ち上げる。その後独立し、カフェ経営を経て、現在は「イトノワライフ」オーナー。著書は『itonowa の玄米プレート』(マイナビ)など。

和洋中あらゆる種類の調理道具や食器、厨房機器、包装用品などがそろう問屋街である合羽橋。メインストリートからちょっと奥へ入ったところに「イトノワライフ」があります。店主の渋谷有美さんは、以前アパレル会社に勤務していて、そこでカフェを立ち上げたあとに独立、自身の店をオープンさせました。

渋谷さんとは前職のカフェ時代から知り合いで、会うたびに彼女の穏やかでやわらかい人柄がとても好きだなぁと思っていましたが、お店に伺うと、さらにその人柄のよさが伝わってきます。というのも、並んでいる洋服やアクセサリーのつくり手さんたちのことを、それはうれしそうに話してくれるから。彼女が心から好きで、いいと感じたものを販売しているのだとわかるのです。

「以前勤めていた会社から独立した方々のブランドが多いんです。開店当初から扱っている『ホームスパン』もそう。ほかにも先輩や後輩が手がけているものだったり、アパレル時代につながった方のものだったり」と教えてくれます。デザインやパターンの仕事をしてきた人にとって、販路を探したり営業をしたりするのは初めてのことでしょう。独立してブランドを立ち上げ、せっかくいい商品を考えても、販売する場所がなければ続けていけません。いきなり自分のお店を持つ人は少ないでしょうから、つながりを大切に思う渋谷さんのお店があることは心強いことだと思います。

何より、渋谷さんはどのブランドの商品もきちんと自分で身に着けたり使ったりして、愛用しています。「これは実際に着るとすっきりしたシルエットに見えますよ」「袖ぐりの開きが計算されているので、脇が見えなくていいんです」「ガシガシ洗っても大丈夫ですよ」「このネックレスは首の後ろに当たる部分もかわいいんです」と、説明にも実感がこもっています。

長く愛用できるスタンダードのよさ

扱っているアイテムは、白やベージュ、黒やネイビーなど、飽きのこない色味のものがほとんど。形は、シンプルながらも、体型をカバーするものだったり、サイズ展開がそろうカットソーだったり。年齢を重ねても着ることのできるスタンダードなものが多いので、とてもありがたいなと思っています。アクセサリーも、小さなパールが連なったネックレスやゴールドのシンプルなチェーンタイプのブレスレットなど、ひとつだけでも上品ですし、重ねて着けてもいいくらいのシンプルなものがたくさんで、迷ってしまうほどです。

セレクトショップのよさは、店主の好みが表れているところです。ここは、渋谷さんがいかにスタンダードなものが好きで、長く愛用できるアイテムを大切にしているかが伝わる品ぞろえ。そのうえ、つくり手さんとも長年つきあいがあるのですから、信頼して購入することができるのです。

渋谷さんの穏やかでやさしい人柄に甘えて、あれもこれもと試着しながら話し込み、いつもつい長居。購入したアイテムを糧に、またがんばって働くぞと思わせてくれる存在です。

アイテムは、白や黒、ベージュなど基本の色に、青や赤など差し色が少しあって、
渋谷さんのクローゼットを見せてもらっているような気持ちに。

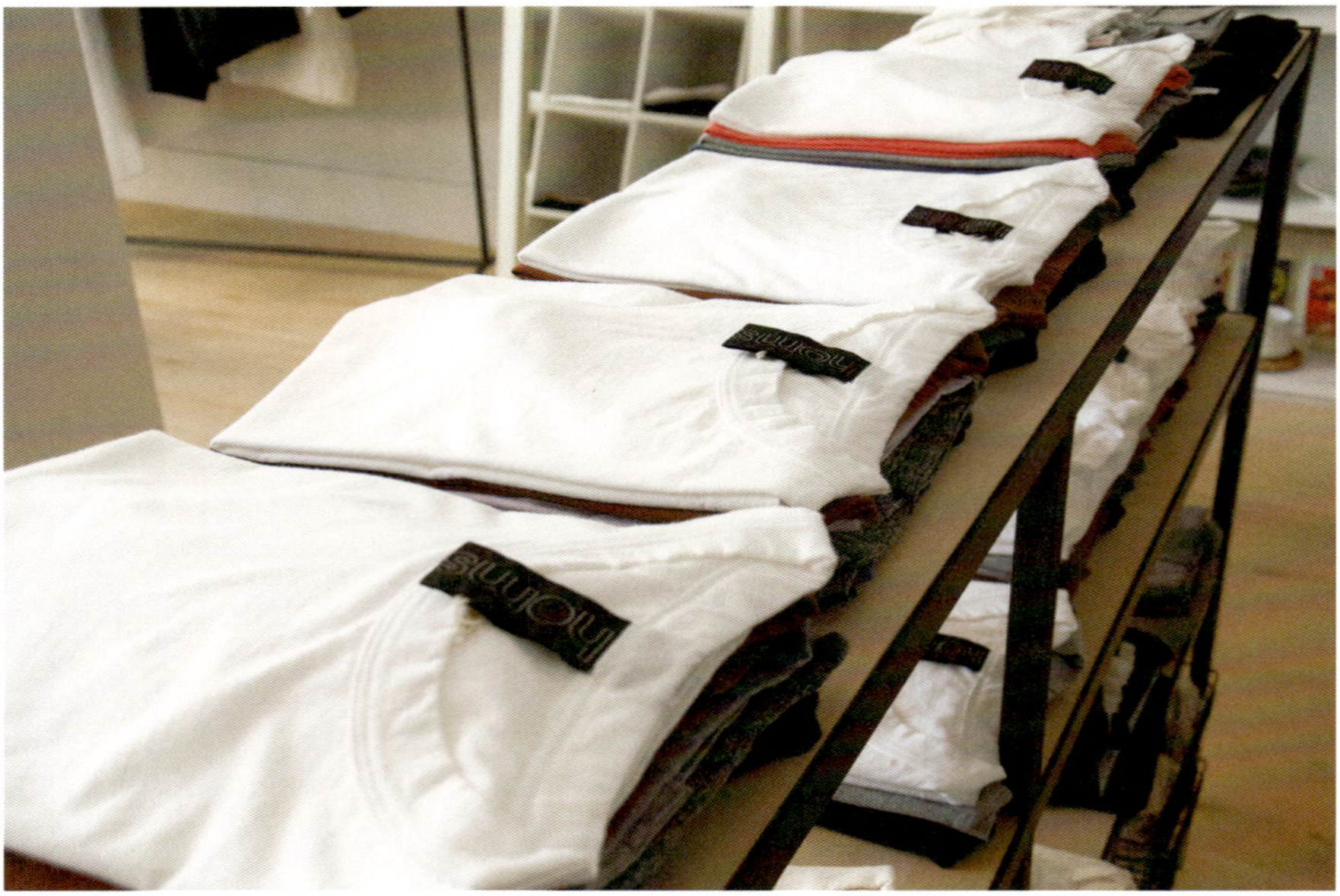

「ホームスパン」は、渋谷さんのアパレル時代の先輩や先輩の仲間が手がけているブランド。
カットソーは、あまりにも肌触りがよくて、色違いでそろえたくなる。

そもそも渋谷さんは前職でカフェを立ち上げ、さらに独立後も自身のカフェを営んでいた。
「いまは夫がジャムとシロップの担当です」と渋谷さん。

私が
買ったもの

革のチャーム

バッグなどに付けていると、友人などに「それかわいいね。どこの？」とよく聞かれるチャーム。取材時に4つ買って、スタッフにもプレゼント。

ミホウメザワのブラウス

買い物は迷わずさっと決めるタイプ。これもひと目惚れして購入。半袖のほうは袖部分がフリルになっていて、二の腕もカバー。ゆったりしているのに、すっきり見える。

千駄ヶ谷

kit gallery

shop data → p.127

松田“チャーベ”岳二さん

まつだ・ちゃーべ・がくじ

1970年、広島県生まれ。ユニット「NEIL&IRAIZA」やソロ「CUBISMO GRAFICO」のほか、DJとしてなど、幅広い分野で活動中。

チャベ君のバンド「LEARNERS」のメンバーが使っているギターの写真パネルを持って。大人になってもこういうことを一緒に楽しめる友人はありがたい。

20代のころは東京に住んでいて、仕事が休みの日には、いろいろなお店を回っていました。仕事柄、雑貨を見るのは好きでしたが、音楽も趣味のひとつで、ライブに出かけたり、レコード屋さんに行ったりするのが楽しくてしかたありませんでした。そんな時代に出会ったのが、チャベ君こと、松田〝チャーベ〟岳二さんです。現在はミュージシャンでDJとしても活躍している彼には、当時から音楽についていろいろと教えてもらっていました。

昔もいまも変わらずつきあえる友人

私が結婚して静岡に戻り、子育てで忙しくなってしまって交流できない時期もありましたが、いままた東京に仕事で来る機会も増えてきました。お店が休みの日にはライブにも行くことができるようになり、少しずつ会うようになりました。昔と変わらずに接してくれる友人のひとりで、くだらない話をして笑い合ったり、以前のように音楽のことを教えてもらったり。

そんなチャベ君が営んでいるのが「キットギャラリー」。ここは、もともと友達とシェアして使っていた事務所だったそう。その友達が別の場所に移ることになって、あけておくのはもったいないなと思ってギャラリーにしたと話します。さまざまなアーティストの展示をしていますが、音楽を生業《なりわい》にしているチャベ君が、どうしてギャラリーを開くことになったのでしょうか？

「きっかけは、アメリカで行ったジェラート屋さん。壁に地元のアーティストの作品を飾ってギャラリーにしていたのが、とても印象的でした。ローカルで活動している人たちを応援している姿がとても自然でいいなぁと思って。東京も『ローカル』だととらえれば、地元のアーティストを応援することにつながるんだ。そう考え始めたら、やってみたくなったんです」と教えてくれます。

東京は都会というイメージが強いですが、確かにここで生活している人にとっては地元。ローカルなカルチャーを応援したいという気持ちは、私にもあるのでとてもよくわかりますし、チャベ君らしいやさしい考え方がいいなと感じて、とても共感しました。

ここでは、写真家やイラストレーター、デザイナーなど、本当に多種多様な方たちが展示をしていて、私にとっては知らないカルチャーに触れるきっかけになっています。「RAMONES展」や「ピストルズ展」など、音楽にまつわるテーマを設けた展示も楽しみです。

昔は千駄ヶ谷には洋服屋さんや雑貨屋さん、セレクトショップなどが多くありました。まだインターネットが普及していなくて、雑誌を見ては気になるお店の住所をメモして、地図で探しながら訪ねたことを思い出します。「なくなってしまったお店もあるけれど、まだまだ昔ながらの商店街もがんばっているし、新しくおいしい料理を出すお店もできているし、楽しい街だよ。いつでも来てよ」とチャベ君。彼はいま「LEARNERS」というロックンロールバンドをやっていて、ライブはいつも大盛り上がり。ギャラリーでの展示もライブも、これからも楽しみにしています。

このときは「LEARNERS」の写真展で、写真を何枚か購入。

縁あって
halにも

キーリングホルダー

家のカギに付けて。リボン部分が18cmと長く、色も目立つので、これにしてから、バッグ内でのカギの迷子が激減。各1,200円

東小金井

あたらしい日常料理
ふじわら

shop data → p.127

藤原奈緒さん

ふじわら・なお

地場野菜を扱うカフェでの勤務を経て、2006年に料理教室を開講。2013年、「ふじわらのおいしいびん詰め」の製造を開始、2014年、食堂をオープン。現在、食堂は不定期営業。

「あたらしい日常料理　ふじわら」のびん詰めの調味料は、わが家の料理に新しい風を吹き込んでくれた存在です。「ふじわらのおいしいびん詰め」と名づけられたもので、「おいしい唐辛子」「パクチーレモンオイル」「にんにくえび塩」「カレーのもと」「納豆辣油」という5種類（季節によって多少変更あり）。いつもの炒めものがにんにくえび塩をかけるだけで、深みのある味わいになり、パスタにパクチーレモンオイルをたらすと一気にお店のような風味になり。さらに、おいしい唐辛子は麻婆豆腐の味をバシッと決めてくれて、カレーのもとはカレー以外にもしょうが焼きやから揚げにも使えますし、納豆辣油は納豆のコクのある辣油で、豚しゃぶにかけるとぐっとうま味が増します。とにかくどれも、いつものおかずをワンランク、いや、ワンランクどころじゃなく、ものすごくアップさせてくれるおいしさなのです。これさえ加えればOKというところも主婦の味方。

「家庭のごはんをもっと手軽にできたらいいなと思って考えました。かけたりあえたりするだけで、いつもの料理がぐっと引き立つような味を心がけています」と店主の藤原奈緒さんは話します。

家庭の食卓をおいしくしたいという思い

あたらしい日常料理　ふじわらは、中央線の高架下にできた新しいスペースにあって、近くで採れた野菜を中心にした料理をたくさんいただいた思い出があります。その日に農家さんが届けてくれたり、直売所で手に入れたりした旬の野菜を使って、藤原さんがつくる料理はどれも素材の味がしっかり伝わってくるものでした。このあたりは農業も盛んで、江戸時代から栽培されていた固定種の野菜を「江戸東京野菜」として復活させている農家さんもいるそう。「不ぞろいでも野菜本来の自由な形のものばかりで、見ていて楽しいしおいしい。珍しいものもたくさんあって、毎日替わる素材に合わせて料理をしていたので、野菜に合わせてメニューを決めていました。レシピありきではなく、素材の味を確かめてから料理をして」と楽しそうに教えてくれます。

「家庭の食卓をおいしくしたい」、そんな思いでびん詰め調味料をつくるようになり、使い方を紹介する場として食堂を始めたのだと藤原さんは教えてくれます。いま、食堂はごく不定期に時折オープンする形にして、同じ場所でびん詰め調味料をつくり、販売しています。halでもときどき取り扱いさせていただいてますが、それぞれの味にファンがいて、人気の商品。私自身が使うだけでなく、手土産としてだれに渡しても喜んでもらえるのもうれしいポイントです。

毎日料理をしていると、どうしても味つけがワンパターンになってしまいがちです。献立を考えることすら面倒な日だってあるもの。でも、この調味料が気持ちを楽にさせてくれます。ホームページにはレシピも掲載されていて、ありがたい限り。食堂の料理の再現まではできずとも、藤原さんの味を家庭でも取り入れられるのがうれしくて、わが家ではなくてはならない調味料です。

取材したときには夜の営業をしていたので、その際にいただいた桃と生ハムの冷たいパスタと赤玉ねぎのマリネ。
パスタにはパクチーレモンオイルをかけて。

その日のメニューとその日採れた野菜。

お店では、料理教室も開催。

びん詰めの調味料がずらり。これさえあれば、生野菜にあえたり、お刺し身にかけたりと、調理しなくてもすむくらい。

「おいしい唐辛子」や「にんにくえび塩」などの「ふじわらのおいしいびん詰め」はオンラインショップでも販売。

つつじケ丘

手紙舎
つつじケ丘本店

shop data → p.127

北島 勲さん

きたじま・いさお

編集者。大学卒業後、数々の雑誌の編集長を務める。2006年にイベント「もみじ市」を開催。2008年、「手紙社」を設立し独立。現在、5店舗を経営。

本店は北島さんの元仕事場。机がいまは客席に。

「もみじ市」や「東京蚤の市」「関西蚤の市」、「布博」や「紙博」というイベント名を聞いたことがある人は多いのではないでしょうか？　これらのイベントを手がけているのが「手紙社」です。「編集チームなんです。イベントや雑貨、カフェを柱にしていて、自分たちがワクワクすることを、自分たちのやり方で編集して発信するというのが仕事です」と代表の北島勲さんは話します。お茶もできて雑貨も販売している本店をはじめとし、本とコーヒーのお店や、クラフトビールが飲めるお店なども展開されていて、まさに北島さんをはじめとするスタッフが楽しんでいるうちにお店が増えているのだなと想像します。

以前、私の友人が食堂で働いていたり、私自身もトークショーに呼んでいただいたりしたことがきっかけで、北島さんとのつながりが生まれました。

地元に密着したイベントやお店を

手紙社のお店が「手紙舎」。本店は京王線のつつじヶ丘駅のそば、調布市の神代団地の中にあります。体にやさしい食事ができて、イベントでつながりのあるつくり手さんの作品も並ぶ気持ちのいい場所。すぐ目の前が団地の広場になっていて、店内からは大きなヒマラヤ杉が見え、住民の方たちが思い思いに過ごしている姿が目に入ります。「この眺めが好きなんです」という北島さん。

そういえば、以前お店に行った際に、空の器を手にした女性が店の中に入ってきたことがありました。その方はお隣でお店を営んでいる方で、手紙舎のランチを自分たちの店で食べ終わったところだったのです。空の器の中にはお礼にと、お菓子が山盛り入っていたのがとても印象的でした。それを見て、北島さんが地域に密着してお店を営んでいることが伝わってくるな、と思ったのです。

「オープン当初は利益が出なくて、何度もやめようと思いました。でも、続けることが大切だと思って。そんなうちに、少しずつ近隣の方々にも来ていただけるようになったんです」と話します。

そもそも北島さん自身、調布に特別な縁があったわけではなかったそう。都心から程よい距離感であることや、開発されすぎていない緑の多いところが好き、という理由で店を構えたのです。新しい土地で新しいことを始めるのには勇気がいったことでしょう。その分、地域の方たちへの気配りもとても大切にされてきたのだと思います。イベントをする際には、地元のおいしいお店を紹介したいと、北島さんがみずから声をかけて出店してもらったこともあるのだそう。地元の空気に溶け込んだお店になっているのは、尽力の末のことなのだなとつくづく思います。

系列の店舗は、本店から徒歩15分ほどの場所にもあります。1階は「手紙舎 2nd STORY」という雑貨と喫茶のお店で、2階は「本とコーヒー tegamisha」というセレクトした本とコーヒーが味わえるお店。それぞれのお店に個性があって、本店と併せて巡るのも楽しいものです。〝いいものを伝えたい〟という北島さんの思いはイベントでもお店でも同じなのだな、と感じています。

本店のランチは２カ月ごとにメニューが替わる。食べごたえがあっておいしい。

団地の中にある本店。周りは住民がゆったり集まる広場。

本店の近くにある「手紙舎 2nd STORY」
で販売しているオリジナルの雑貨。

恵比寿

Farmer's Table

shop data → p.127

石川博子さん

いしかわ・ひろこ

1958年、東京都生まれ。文化服装学院卒業後、スタイリストに。1985年、グラフィックデザイナーで夫の源さんとともに生活雑貨の店「ファーマーズテーブル」を開く。

私にとって古巣であり、大切な場所であり、心から信頼している店主の石川博子さんがいるお店。それが「ファーマーズテーブル」です。何者になれるかもわからないころに上京し、憧れの気持ちで訪れていたお店でもありました。それがある日、友人から店員を募集しているという話を聞き、ドキドキしながらもすぐに応募したことを思い出します。当時は、同潤会アパートという趣のある建物にお店を構えていました。いま、その場所は表参道ヒルズというピカピカでキラキラした場所になっています。私が店員になれたのは、ちょうど博子さんが産休に入る時期だったからでした。

「お店を休むから募集しなくちゃということで来てくれたのが由紀子ちゃん。娘が生まれてからお店に連れていったら、店番だけじゃなくて娘のお世話までうれしそうにしてくれて。仕事ももちろんできたし、本当に私はラッキーでしたよ」と、こちらが恐縮してしまうくらいの思い出を話してくれます。当時はもうひとりのスタッフと娘さんのお世話の取り合いでした。そろそろ私の抱っこの番だよね、なんていい合っていたことを思い出します。

私の基盤をつくってくれた場所

店番をしながら、たくさんのことを学ばせていただきました。商品の扱い方はもちろん、つくり手さんとのやりとりや、店に来てくださるお客さまへの声かけ、梱包から伝票の書き方まで、博子さんに教えていただいたからこそ、いまがあります。スタイリストさんとドキドキしながらお話ししたこともありました。私の礎《いしずえ》をつくることができたと思っています。

お店があった同潤会アパートが取り壊されることになったときには、寂しい思いもしましたが、恵比寿に新しくできたお店に足を踏み入れた瞬間、博子さんはやっぱりすごいと思ったものです。場所が変わっても、ファーマーズテーブルは同じようにそこにあったから。作家さんの器やクロス、博子さんが海外から買いつけてきた生活道具がたくさん並び、昔自分が味わっていた空気で満たされていました。窓から入る光がやわらかく、ガラスの器がキラキラして、古い道具も同じように並んで、どこを見ても楽しい発見があります。博子さんのポリシーは〝自分がいいと思ったものだけを扱う〟ということ。作家さんの器は必ず使い、持った感じや口あたりを確かめる。洋服も自分や家族が着て、肌触りのよさや洗濯のしやすさを実感する。お店を始めて30年以上たついまも、新しい商品やつくり手さんと会うたびに繰り返していることです。それは決して店主としての義務というわけではなく、博子さん自身が暮らしを楽しんでいるから、毎日の料理や掃除、片づけを少しでも楽しくしたいという思いからなのでしょう。店内に並んでいるのが、おしゃれでとんがったものよりも、気軽で手になじむ生活雑貨が多いのは、その表れだと思います。

いまでもここへ来ると、自分の原点に立ち返る気持ちになります。結局、店をつくるのは人なんだと、改めて思わされる、大切な愛おしい場所です。

窓からの光に当たるガラスの器。居心地よさそうに並ぶ雑貨を見ていると昔を思い出す。

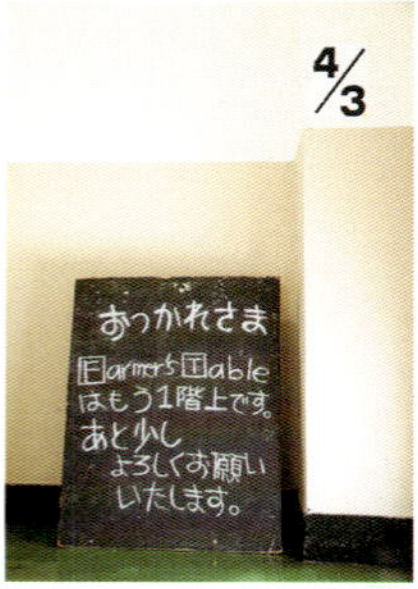

恵比寿はビルの上に店舗がある。階段の途中には博子さんらしい言葉が書かれた看板があってすごくいい。

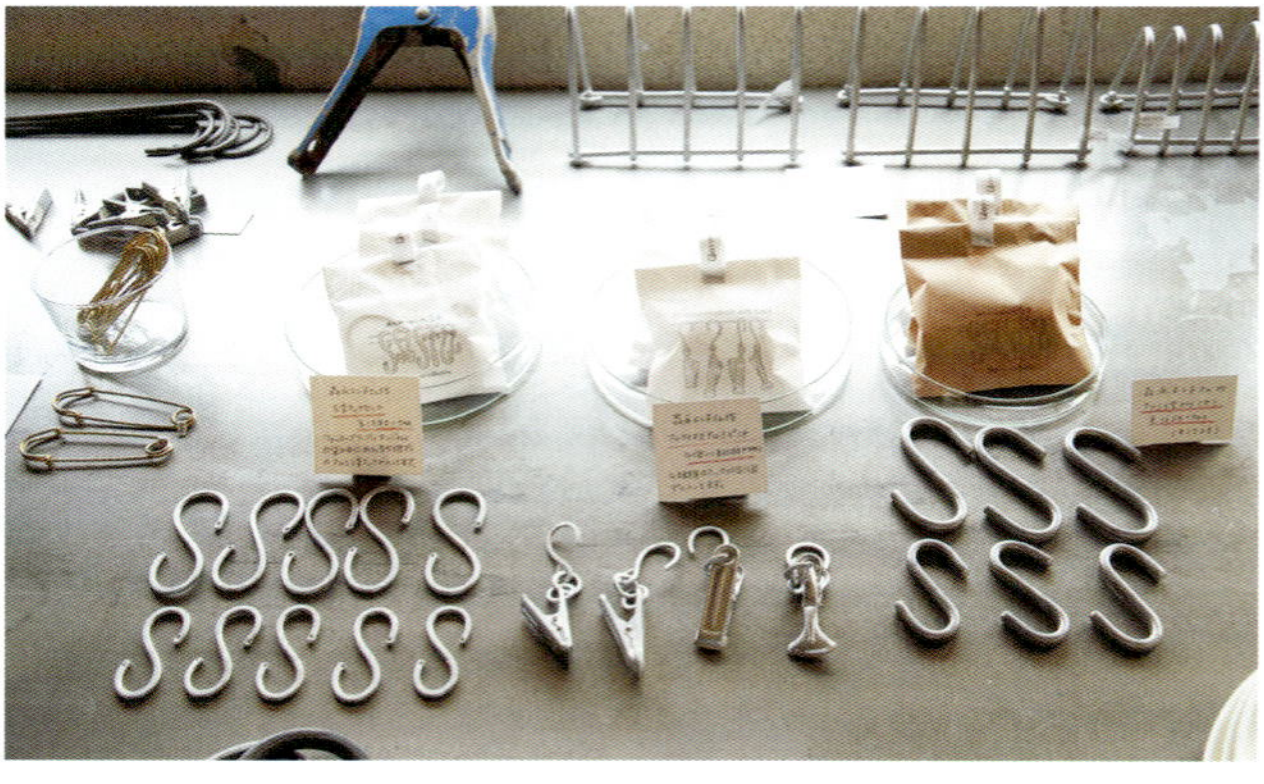

森永よし子さん作アルミ製のS字フックなど、長年扱う商品も多い。

博子さんが選んだ器や洋服や、ヨーロッパで買いつけた古い生活道具などがずらり。

私が
買ったもの

ふた付きのポリバケツ

軽い素材とインテリアに合うシックな黒が気に入って。実は、私はこれを帽子入れに利用。たっぷり入るし、型崩れも防げておすすめ。

木製の器やカトラリーもたくさん。口あたりがよく、私も昔から愛用している。

お気に入りの手土産

ちょっとしたプレゼントをあげるのが好き。思い返せば、〝プレゼント歴〟の始まりは、高校時代にさかのぼります。地元の静岡から東京へ遊びにやってきて、必ず寄ったのは渋谷の東急ハンズ。大きな店の中を宝物を探すように動きまわり、そこで見つけたかわいい消しゴムやちょっとおしゃれなメモ帳を、友人たちに渡していたのが、始まりでした。かわいい、とか、面白い、とかを共有したかったんですね。

もういい大人ですから、自分のあげたいという気持ちばかり先走って、勝手な押しつけにはならないようにと、それだけは気をつけています。いくら使いやすくて便利なものでも、実家暮らしで自分の台所を持たない人には台所道具は贈らない。子育て真っ最中の人には、子どもと食べられる、おいしくて安心なお菓子を渡すなど、その人の暮らしぶりを想像してからあげるようにしています。

食べ物は〝消え物〟なので贈りやすいですよね。地元静岡は、お茶の産地。毎年、新茶の季節には、バッグにたくさん新茶を詰めて東京へ。地方の名産品を、ラッピングもなしで渡しちゃうこともしょっちゅう。

結局は、いいな、と思ったものを、つい、たくさん買い込んで配っちゃうだけなんです。でも、お渡しするものは500〜600円くらいが目安。こちらが勝手にあげたいと思っているだけですから、〝お返ししようがないもの〟が、隠れたテーマかもしれません。

由比缶詰所のツナ缶

夏びん長まぐろをイタリア産オリーブオイルに漬け込んだツナ缶。箱で取り寄せて、来た人、会った人に次々と。主に静岡県内での取り扱いなので、ほかの地方の人には、ちょっとしたレアものかも。パスタにもオイルごと使えるので、楽ですよ。

特撰まぐろオリーブ油漬　各90g（右）ファンシー270円、（左）フレーク250円

由比缶詰所　☎0120-272-548

http://www.yuican.com/

取り寄せ可

丸城茶舗の煎茶

近所の商店街「沼津銀座」にあるお茶屋さんのお茶。新茶の時季になると、大量に買って配ってまわります。お茶どころの静岡代表の気分で、とくに5月ごろは張りきって宣伝。気に入ったら静岡のお茶を買ってね、の気持ちも込めて。昔ながらの包装紙も、かわいらしくてお気に入りです。

梅ケ島煎茶安倍奥50g500円

丸城茶舗　☎055-962-0011

http://marujo.net/

取り寄せ可

有次の菜箸とあくすくい

老舗にも、手軽に渡せる品は、探せばあるもの。このあくすくいは、料理家の渡辺有子さんに薦められたもの。プロが愛用しているものは、やはり使い勝手が違います。菜箸もとても使いやすく、hal のお年賀用として、100組、購入したことも。

（右から左に）上製竹箸盛付用30cm650円、上製竹箸33cm460円、ステンレス共柄あくすくい350円

有次錦店　☎075-221-1091

取り寄せ可

日本橋さるやの辻占楊枝

日本橋の楊枝専門店「さるや」の黒文字を使った楊枝。折ると、ほのかな芳香が漂います。こちらは、男女の恋の歌を書き留めた紙で巻かれた「辻占」のシリーズ。粋な感じが素敵。おめでたい印象のものなので、以前 hal のお年賀にもしました。

辻占楊枝麻の葉20本入り400円

日本橋さるや　☎03-5542-1905

http://www.nihonbashi-saruya.co.jp/

取り寄せ可

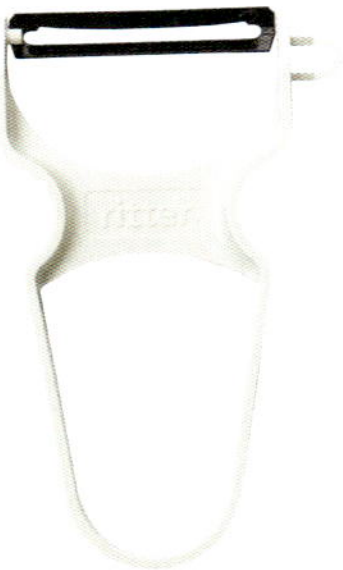

リッターのピーラー

1905年にドイツのミュンヘン近郊で誕生した、リッター社製のピーラー。すっきりとしたフォルムも美しく、信頼の made in Germany 品質。実際に、私もずっと愛用している道具です。ハンドルにほどよい弾力があって、本当に使いやすい。料理を始めたばかりの人などに贈ることが多いです。

リッター皮むき器 500円
GS ホームプロダクツジャパン　☎0256-82-8000
http://www.gs-home.jp/
取り寄せ不可

山本佐太郎商店の 3じのビスケットとツバメサブレ

和菓子職人の、まっちんこと町野仁英さんと、老舗油問屋の山本佐太郎商店とのコラボレーションによる「大地のおやつ」シリーズ。体にやさしい素材を使い、そのおいしさを最大限に生かしています。ほどよい甘みとかわいいパッケージ。小さいお子さんのいるご家庭に喜ばれますね。

(右) 3じのビスケット、(左) ツバメサブレ　各376円
山本佐太郎商店　☎058-262-0432
https://m-karintou.com/
取り寄せ可

くるみの木の白雪ふきん

「くるみの木」オリジナルの白雪ふきんは、隅に小さく鹿の刺しゅうが入っているのがポイント。吸水性がよく、使うほどにやわらかくなじみます。自分の台所を持っている人にお渡しします。すっきりした白なので、男性の方にも使っていただけます。

くるみの木オリジナル白雪ふきん600円
くるみの木 cage　☎0742-20-1480
http://www.kuruminoki.co.jp/
取り寄せ可

紅茶専門店ティーポンドの工芸茶

紅茶専門店の工芸茶。それぞれに花がパッケージされ、熱湯を注ぐと、ゆっくり美しく開くのがきれい。カーネーションの工芸茶をたくさん買って、母の日の時季に、いろんなお母さんに贈りました。

(右上から時計回りに) 工芸茶カーネーション仙桃、金葫蘆双花、丹桂百合　各430円
紅茶専門店ティーポンド　☎03-3642-3337
http://www.teapond.jp/
取り寄せ可

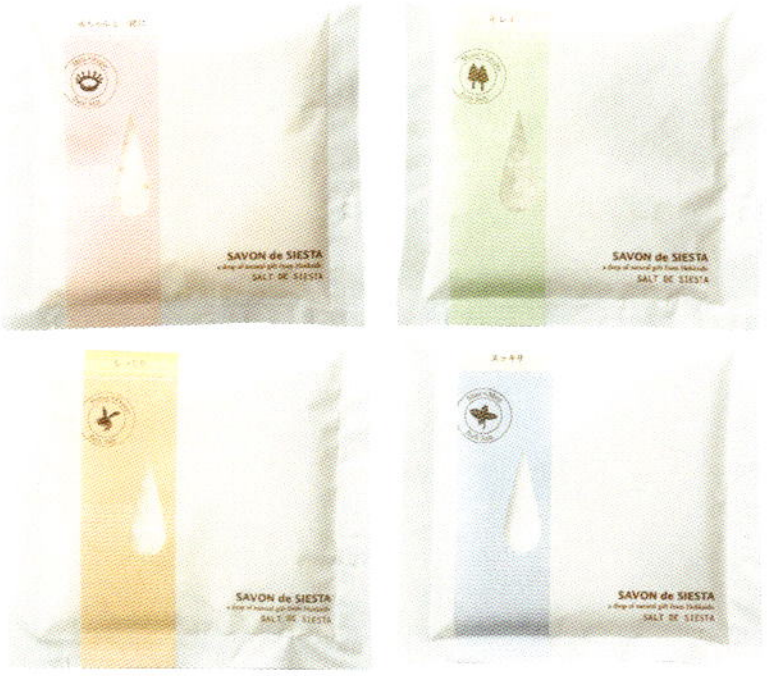

サボン デ シエスタのバスソルト

自然素材の石けんを製造する工房が手がけるバスソルト。友人からいただいて､すごく気持ちよかったんです。お仕事が大変そうな人に､「お風呂くらいは、のんびり入ってね」と。ほかに、季節限定のバスソルトも。
左上から時計回りに、ソルト デ シエスタ 赤ちゃんと一緒に、キレイ、スッキリ、しっとり　各300円
サボン デ シエスタ　☎011-206-1580
http://at-siesta.com/
取り寄せ可

日興リカの
ワセリンサンホワイト

不純物を徹底的に除去した、高品質のワセリン。光や熱によって品質が劣化することがほとんどなく、赤ちゃんにも使えるやさしさ。北極圏を旅した友達からおすすめされて。乾燥する秋冬の時季に会う人に、配りました。渡しやすいミニサイズ。
サンホワイト P-1平型品280円
日興リカ　☎0120-25-3410
http://www.sunwhite.net/
取り寄せ不可

東邦のウタマロ石けん

ガンコな泥汚れを落とすなら、こちらにおまかせ。わが家は、夫が庭師、息子も体育会系の部活でしたから、本当にお世話になりました(いまも)。部活、とくに野球やサッカーなど、白いユニホームの洗濯が大変なお母さんたちに。「ドロドロの洗濯、本当に大変よね」と共感しながら。
ウタマロ石けん160円
東邦　☎06-6754-3181
http://www.e-utamaro.com/
取り寄せ不可

豪徳寺の招き猫

招き猫発祥の地との説がある、東京・世田谷にある豪徳寺。境内でお土産として売られているのが、こちらの招き猫。名前は“たま”というそうで、わが家の猫と同じ名前なのも思い入れが深くなる理由。お店をやっているなど、商売をしている人や、猫好きの人などにお渡しします。
招福猫児(まねきねこ)2号(4×6cm)500円(税込)
豪徳寺　☎03-3426-1437
取り寄せ不可

おわりに

こうして振り返ってみると連載中いろんなことがありました。
どれもが笑いにつながる話ばかりなのは感謝しかありません。
しょっぱなの取材で感激の涙
ランチのお店に赤い携帯を忘れたこと
旦那さまに高級下着を買った人
セミがワンピースに止まって大笑いした夏
大雨の日に全身紫だった人などなど
本誌では書けないあんなことやこんなことがありました。
生き死ににかかわらないどうでもよいことが実はとっても大切で
お金を払っても見られないエピソードが満載です。
もう一度最初からできれば同じメンバーで同じコースを巡れたらなと思います。
この連載が私は大好きで大好きで最終回の号を抱きしめて
ひとり泣いたことをさきほど急に思い出しました。
きっかけをつくってくださったフォトグラファーの石黒美穂子さん
それを面白がってくれた編集の樫渕美紀さん
いつも笑顔のしっかりもののライターの晴山香織さん

かかわってくださった皆さま、ありがとうございました。


取材先の皆さまにもたいへんよくしていただきました。

ふだんお店におじゃましたときには伺えないようなお話まで
ひざを交えてゆっくり聞けたのも本当にありがたかったです。

たまたま取材日にスケジュールの空きが出てイベントを開催させていただいたこともありました。

早馬灯のようにいろんな方のお顔が浮かびます。

皆さん、笑顔で思い出せるのは楽しかった証拠ですね。

お忙しいなか、取材にご協力いただきまして感謝申し上げます。

また笑顔で再会できる日を楽しみにしております。

それまで皆さま、健やかに穏やかにお過ごしくださいませ。


最後まで読んでくださった読者の皆さま、ありがとうございました。

よかったら感想などお聞かせいただけたらうれしいです。

ha1店頭でも「あの駅で降りたらおいしいお店がある」などと勝手に観光協会をやっております。

せっかくなので楽しんでいきましょうね。

ショップデータ

営業時間や定休日は
事前にご確認のうえお出かけください。

fog linen work《フォグリネンワーク》

東京都世田谷区
代田 5・35・1・1F
☎ 03・5432・5610
http://www.foglinenwork.com/jp/
インスタグラム @foglinenwork

山食堂《やましょくどう》

東京都江東区
三好 2・11・6　桜ビル 1A
☎ 03・6240・3953
インスタグラム @yamashokudo

ao　daikanyama《アオだいかんやま》

東京都渋谷区代官山町 10・4
☎ 03・3461・2468
http://www.ao-daikanyama.com/
インスタグラム @ao_daikanyama

Zakka《ザッカ》

東京都渋谷区神宮前 5・42・9
グリーンリーブス #102
✉ zakka-h@mx5.ttcn.ne.jp
http://www2.ttcn.ne.jp/
zakka-tky.com

LA GODAILLE《ラ・ゴダーユ》

東京都世田谷区世田谷 4・2・12
☎ 03・3439・6668
インスタグラム @la_godaille

gallery fève《ギャラリーフェブ》

東京都武蔵野市
吉祥寺本町 2・28・2・2F
☎ 0422・23・2592
http://www.hikita-feve.com/

SyuRo《シュロ》

東京都台東区
鳥越 1・16・5
☎ 03・3861・0675
http://www.syuro.info/
インスタグラム @syuro_tokyo

foodmood《フードムード》

東京都国立市
西 2・19・2
☎ 042・573・0244
http://foodmood.jp/
インスタグラム @foodmoodshop

itonowa Life《イトノワライフ》

東京都台東区
松が谷 3・7・1 第 5 サニーハイツ 102
☎ 03・6231・7775
http://itonowalife.com/
インスタグラム @store.itonowalife2012

cafe vivement dimanche《カフェ ヴィヴモン ディモンシュ》

神奈川県鎌倉市
小町 2・1・5 桜井ビル 1F
☎ 0467・23・9952
http://dimanche.shop-pro.jp/
インスタグラム @cvdimanche

kit gallery《キットギャラリー》

東京都渋谷区
神宮前 2・31・3 宝栄ビル 2F-A
✉ info@kit-gallery.com
http://www.kit-gallery.com/
インスタグラム @kitgallery

森岡書店《もりおかしょてん》

東京都中央区
銀座 1・28・15 鈴木ビル
☎ 03・3535・5020
インスタグラム @moriokashoten

あたらしい日常料理《あたらしいにちじょうりょうり》 ふじわら《ふじわら》

東京都小金井市梶野町 5・10・58
コミュニティステーション東小金井
atelier tempo 内
☎ 042・316・5613
http://nichijyoryori.com/
インスタグラム @nichijyoryori_fujiwara

Roundabout《ラウンダバウト》

東京都渋谷区
上原 3・7・12・B1
☎ 03・6407・8892
http://www.roundabout.to/
インスタグラム @kazutokobayashi

手紙舎《てがみしゃ》 つつじケ丘本店《つつじがおかほんてん》

東京都調布市
西つつじケ丘 4・23・35
神代団地商店街
☎ 042・444・5331
http://tegamisha.com/
インスタグラム @tegamisha

chiclin《チクリン》

東京都世田谷区
等々力 2・20・12・1F-B
☎ 03・6432・2753
http://www.chiclin.jp/
インスタグラム @chiclin__

Farmer's Table《ファーマーズテーブル》

東京都渋谷区
恵比寿南 2・8・13
共立電機ビル 4F
☎ 03・6452・2330
http://www.farmerstable.com/
インスタグラム @farmerstable_ebisu

桃居《とうきょ》

東京都港区
西麻布 2・25・13
☎ 03・3797・4494
http://www.toukyo.com/
インスタグラム @toukyo_ichirohirose

後藤由紀子　ごとう・ゆきこ
静岡・沼津で、2003年から器と生活雑貨の店「hal（ハル）」を営む。等身大の暮らしぶりにファンが多い。インスタグラムでのライブ動画配信や、YouTubeチャンネル「後藤由紀子と申します。」など、新たなことにも挑戦している。『気持ちを伝える贈りもの』（大和書房）、『おとな時間を重ねる』（扶桑社）など、著書も多数。
インスタグラム　@gotouyukikodesu

hal
静岡県沼津市添地町124
☎ 055-963-2556
http://www.hal2003.net/
halのインスタグラム　@halnumazu

ブックデザイン　渡部浩美
撮影　石黒美穂子（カバー、店取材、後藤さん写真）
わだりか（P.121-123）
林 紘輝（P.60、P.61-65 キリヌキ写真、各店コラムキリヌキ写真）
取材・文　晴山香織
福山雅美（P.120-123）
校正　小出美由規
編集　櫺渕美紀

会いたい。東京の大切な人
私の愛するお店

発行日　2020年10月20日　初版第1刷発行

著者　後藤由紀子
発行者　久保田榮一
発行所　株式会社扶桑社
〒105-8070
東京都港区芝浦1-1-1　浜松町ビルディング
電話　03-6368-8808（編集）
03-6368-8891（郵便室）
www.fusosha.co.jp

印刷・製本　大日本印刷株式会社

本書は『天然生活』2016年3月〜2018年2月号に掲載した記事を大幅に加筆・修正し、新たなページを加え、再構成したものです。

本書に記載されているデータは2020年10月5日現在のものです。

掲載している価格はとくに表記があるものを除き、税抜きです。


ISBN978-4-594-08537-7